日本居住福祉学会
居住福祉ブックレット

13

世界の借家人運動

あなたは住まいのセーフティネットを信じられますか？

髙島一夫
Takashima, Kazuo

東信堂

シカゴの借家人団体のデモ風景

はじめに

世界の借家人運動は大きな変動の時期を迎えている。欧米において公的住宅、社会住宅政策が様々な形で後退し始めている。わが国もその例外ではなく、特に後退の動きが急速である。

本書は世界の借家人団体、九ケ国、一一団体の活動等を紹介し借家人運動の現状を報告するものであるが、それと同時に最近の厳しい世界経済情勢による各国の社会住宅政策後退の現状を伝えたいと思う。本書が読者諸氏の「居住の権利」について考えることに少しでも役立てば幸いである。

本書の構成は、一、「なぜ、いま借家人運動なのか?」から始めて、二、で「国際借家人連合」の解説、三、で各国借家人団体の活動などを紹介しており、四、に参考資料として国際借家人連合の「借家人憲章」を掲載している。

最初に国際的な借家人団体の連合体である、「国際借家人連合、インターナショナル・ユニオン・オブ・テナンツ(IUT)」を説明しておきたい。なぜならば本書で取り上げる全ての借家人団体は同連合の運動理念に賛同し加盟しており、同連合を先に理解することが各団体の活動を理解しやすくすると考えるからである。本書で取り上げる借家人団体は世界で主要な、あるいは独自の活動を行っている団体である。各団体の紹介に際して、先に各国の住宅制度や法律の大まかな説明を行い、それを背景とした各運動団体の組織や活動を説明する形式を取っている。

本書の執筆に際しては国際借家人連合のマグヌス・ハマー氏より参考資料の提供と、同連合機関誌の記事と写真転載を快くご承諾頂きました。同氏のご協力無くしては本書の完成はおぼつかなかったと思われ、ここに厚く御礼申し上げます。また関係諸団体のバルバラ・リッケ（DMB）、ウェンディ・ハーマン（TUQ）、ジェーン・ロフタス（TPAS）、マイケル・カーン（NAHT）の諸氏より貴重な情報、資料のご提供頂きましたことに深く感謝致します。

最後に本書に出版に当たり、早川和男氏、また東信堂編集部の二宮義隆氏から適切な助言を頂きました。心から感謝いたします。

二〇〇七年四月

髙島　一夫

＊本文中での引用中「ＩＵＴ機関誌」と記載された個所は、国際借家人連合の機関誌『グローバル・テナンツ』を指し、その発行された年月と翻訳文の一部を紹介したものです。また「各国借家人団体」のうち「オーストリア」に関する記述は、ガァビィ・フィアラ氏（オーストリア借家人連合）のＩＵＴ機関誌への二〇〇二年投稿記事の一部を翻訳し再編集したものです。

目　次／世界の借家人運動：あなたは住まいのセーフティネットを信じられますか？

はじめに……i

一、なぜ、いま借家人運動を取り上げるか？……3
1　仕組まれた「持家志向」　3
2　歪んだ公共賃貸住宅政策　5
3　ウィーンの社会住宅　8
4　住宅政策無責任国家のもたらしたもの　18

二、国際借家人連合……23
1　国際借家人運動の歴史とＩＵＴの結成　23
2　国際借家人連合（ＩＵＴ）の目的、活動と理念　29

三、各国借家人団体について……33
1 スウェーデン 33
2 オランダ 41
3 ドイツ 47
4 フランス 57
5 イギリス 61
6 オーストリア 69
7 オーストラリア 73
8 日本 81
9 アメリカ合衆国 88
四、参考資料 「借家人憲章」……99
参考文献 112

世界の借家人運動

：あなたは住まいのセーフティネットを信じられますか？

一、なぜ、いま借家人運動を取り上げるか？

1　仕組まれた「持家志向」

もう一〇年以上も前の話になるが、仕事である都営住宅団地を視察した。どれも無表情のコンクリートの巨塊の列に少し飽きがきた頃、ふと気づくと一棟だけが妙に明るい。周りとに比べてもバルコニーが広めで各戸の間取りも広いのがわかる。その棟は、すぐに案内人から分譲住宅と知れた。少しばかり明るい配色の分譲と通りひとつへだてて灰色の都営住宅群が向き合い、その脇の細長い道路がＪＲの駅につながっている。私はそのとき、小さなとげが指に刺さったような

「いらただしさ」を感じた。想像するに、毎朝各団地棟からおびただしい数のサラリーマンらが、この狭い道路に溢れては職場に向かう。彼らはもう慣れきってしまって感じていないかもしれないが、知らない同士とはいえ、所得水準のはっきり違うとわかる住宅に暮らしている。朝になるとお互いに集団で顔を突き合わせ、そして一方は時折相手との生活レベルの差を思い知らされる。それはまさしく屈辱の儀式以外の何ものでもないだろう。

これは何も日本だけでの現象ではない。イギリスのある住宅団体の幹部は次のように報告している。

「イギリスでは二〇世紀を通じてある奇妙な妄想が広まった。それは〝イギリス人の家は彼の城である〟という言い回しで家持ちを示すものだった。それ以来借家、特に社会住宅は、イギリス人と呼ぶにふさわしくない貧乏人たちの住む、つまらないシロモノと信じられるようになった。」

この言い回し通り公営住宅が持家より低いものと見なされ出したのは重要だが、それ以上に大きな変化は、この一〇〇年間に「人間の社会的評価が住まいの保有のかたちで、つまり借家か持家かで決められるようになった」ことである。わが国にも同様の「持家は一国一城の主」という表現がある。借家人を持家の下のように見る「居住差別」の風潮が社会に蔓延している。第二次大戦後から政府、自治体は強力に「持家優遇政策」を推進したが、マスコミや企業宣伝がこうした大衆の差別感情をかきたてるままにしてきた。いつしか狭くて貧弱な公的借家や民間借家暮しの責任は、「城持ちになれない貧乏人の甲斐性無さ」にすり変えられる。その一方で、「住宅ローンを組めるほどの勝ち組」は、借金返済に働き詰めの人生を送り、人間性をすり減らして定年を迎えている。

私たち日本人は戦後六〇年余り、こんな具合に巧みに仕組まれた「持家志向への道」に、向き合わされ歩まされているのである。

2　歪んだ公共賃貸住宅政策

平成一一年の東京都住宅白書に「ソーシャル・ミックス」という言葉が登場する。同白書では「今後の都営住宅の新築・建替えでは、居住者の年齢、所得・世帯構成等でバランスのとれたコミュニティの形成を図ることが重要」という表現で示されている。平成九年の都営住宅居住者の実態調査では、「六五歳以上の居住者の割合は平成一〇年の都平均の一四・五％に対し一九％」となっており、居住者が高齢者世帯に偏りを見せていた。同白書からは、その対応策として「同一団地の住み替え促進のために住宅規模と家賃変更を併せて変更（応益応能）する」と読み取れる。居住者の高齢者への偏りは公団住宅（都市再生機構住宅）の住民構成にも見られる。都や公団はその賃貸住宅には小規模な住宅が少なくないこともあり、居住世帯の偏りを無くすためにファミリー世帯向けに住宅規模の拡張をはかるという。

東京都は平成二年から中堅所得層のファミリー世帯向けの都民住宅を建設しているが、平成一〇年当時で約三万四千戸、都営住宅約二六万戸の一三％に過ぎない。わが国の高齢化傾向は最近始まったわけではない。居住者らの高齢化は充分予測できたはずである。

「ソーシャル・ミックス」とは、「年齢、職業、所得にかかわらず多様な階層が同一地域に共に暮らす」ことを意味する。都は、公的住宅に所得の低い人たちを中心とした収入基準で入居させ、低所得の高齢者に世帯構成が偏ったからといって、その近くに床面積、収入基準を多少改めて家族世帯が入居し易くする。しかし、このような発想で、つまり、ただの辻褄合せとも思えるソーシャル・ミックスで団地住民と近隣住民の共同コミュニティが構築できるのだろうか。彼らの考え方には根本的なものが欠けている。この点、後述の説明で明らかにしたい。

公営住宅の入居者の収入条件は、現在も住宅が低所得者向けであるからと、厳しい低水準に抑えられている。公営住宅では、月収は一二万三千円以下から二六万八千円までの六段階に分けられている。都営住宅の場合を見ると、二人家族で年収四一五万円（月収三四万五、八三三円）を一応限度額としている。床面積の広さは、平成一五年の「住宅・土地統計調査報告」によれば、公営住宅が平均五一・五六平方メートル、公団・公社が平均四八・九九平方メートル。この数字は全建物平均九四・八五平方メートルの約半分で、民間借家（平均）の四四・三一平方メートルを少し上回る程度である。では、全国平均に近い八〇平方メートルの住宅を借りるのに家賃はいくらになるのか？　東京都内の、民間より比較的安い公的住宅を探してみると、都心部では物件自体が無いため、郊外の国立、小金井、立川市の旧公団の３ＬＤＫか４ＬＤＫで、家賃は一四から一六万円クラスとなった。当然ながら前掲の都営住宅の入居者には高すぎて借りられない。

しかし、あなたやあなたの世帯の収入が少ないというだけで全国平均、いわば人並みの広さの住宅に住めないとしたら、それは全てあなた方の責任だろうか？「住宅政策」を担うはずの国や自治体に責任は全く無いのだろうか？

もし外国にあなたと同じ収入で無理なく入れる八〇平方メートルの公的住宅があるとすれば、それはなぜなのかを考えてみよう。ここでいう公的住宅とは、社会住宅の一種であり、国や自治体が民間企業や個人、団体に補助金を出すか、または国や自治体自体が管理運営する「主に中低所得者を対象にする公的な住宅」である。その実例としてウィーン（オーストリア）の社会住宅を見てみよう。

オーストリアは人口約八〇〇万人強、最近のOECD関連資料によれば、国民一人当たりのGDP（国内総生産高）は三五、八〇〇ドル、これに対するわが国の国民一人当りのGDPは三六、五〇〇ドルで両国の国民間に大きな所得差は無い。

3 ウィーンの社会住宅――「ウィーンにおける住宅保有の混合形態」

国際借家人連合のマグヌス・ハマー氏は次のように述べている。

「ウィーンでは最長一年待てば魅力的な市営住宅に入居できる。建物には屋根付きのテラス、室内プール利用可能。家賃は月額約四五〇ユーロ(約六万三千円)、これには電気代、暖房費込み。床面積は八〇平方メートルで戸数は二二万戸。入居資格は年収が二五、〇〇〇ユーロ（約三五〇万円）以下ならば可能で、それ以上の収入のある人は市場家賃を支払わねばならない。

特徴的なのは同一の建物に借家人以外に持家の人たちも住んでいるミクスト・テニュア（混合保有＝持家と借家など所有関係が混在していること）であることである。全ての居住者は、たとえ持家でも建物内の共同施設、公共施設を利用できる。この点について管理当局にほとんど苦情は来ない。また入居後に収入が上限額を超えても住み続けられ、所得制限は緩やかである。なぜならば、この市営住宅は所得、人種差別に基づくセグリゲーション（分離居住＝差別その他による居住の隔絶化）を防止す

ウィーンの社会住宅
（この社会住宅は居住者の約半数が 17 ケ国からの移民で構成されている）

る目的で建設された混合保有であり、低所得者は減額家賃を払うだけでよい社会住宅だからである。同建物の構造、設備の水準は家賃の安さを全くうかがわせぬ高いものである。改修設備の水準や家賃改訂は、居住者らから選ばれた代表者たちと市当局との協議で決められている。」（ＩＵＴ機関誌、二〇〇五年三月号）

さらにハマー氏は「ウィーン市当局が経済的判断基準から居住者差別・分離を望まないように、オランダでも所得上限の審査は寛大である。またスウェーデンの公的住宅にも所得上限はない。同国の公的住宅には東欧の難民家族の隣りに会社社長一家が住むことは理論的には可能である」と述べていた。

しかし公的住宅入居者の収入基準を極めて低額にして、極貧層を集中させると重大な弊害が生じる。ハマー氏によれば、イギリスの公営住宅は極めて低い入居者所得上限を決めたため、公営住宅は低所得層世帯と犯罪者、薬物中毒患者らの大集合団地になっている。ある住宅団地の約四割の世帯が無収入で、彼らの世帯の多くが単身者、失業者や母子家庭（多くが若い女性）世帯である。彼らの家賃は政府から地方自治体をへて市当局に支払われているという。同様に韓国の「保護を必要とした低所得者向けの永久賃貸住宅」にも独居老人、病人や母子家庭が集まりスラム化していた。同様なセグリゲーションは、一九七〇、八〇年代にフランス、ドイツでも低所得者が集中居住した大規模団地で見られ、当時重大な社会問題となっていた。

ところで読者諸氏の中には、このウィーンの社会住宅に幾つか疑問を持たれた方もおられたのではないだろうか。

例えば、「なぜ低所得者層を社会住宅政策でそこまで優遇する必要があるのか？」、あるいは「設備よりも多少住宅の品質を落としても建設戸数を増やして、より多くの希望者が入居し易くすべきではないか？」という疑問である。いまひとつは「なぜ入居者の所得上限を緩和してまで、高額所得者を社会住宅に住まわせる必要があるのか？」という疑問である。

先の疑問に答える前に西欧諸国の借家割合を示さねばならない。**表1**（一三頁）の借家率ではオーストリアが全住宅の四二％、オランダ四八％、スウェーデン四〇％、イギリス三一％で、わが国は三三・五％（二〇〇三年）と各国と大差は無い。しかし社会住宅率はオーストリア二四％、オランダ三六％、スウェーデン二二％、イギリス二一％（わが国以外はいずれも一九九八・九九年）なのに対して、わが国は六・七％（二〇〇三年）に過ぎない。オーストリアなどの社会住宅率が借家の五割以上なのに対して、日本の社会住宅（公的住宅）は全借家の三割弱に過ぎないのである。このようにオーストリアなどの社会住宅政策は、わが国のそれと取り組む姿勢が根本的に異なるのがうかがえる。端的にいうならば、オーストリアのように国民の住む権利を保障する政策と、わが国のような中低所得の住宅困窮者救済にとどまる政策とではスタンスに大きな違いがあり、前者は住宅困窮者を収容するための住宅戸数の増加だけを目的にしていないからである。その他の疑問への回答には世界の住宅政策について少し説明が必要なので、ここでそれに触れておこう。世界の住宅政策は大別して次の二種類に分けられる。

一、国家が住宅市場に介入せず、社会住宅が補完する民間借家と民間持家が並存する政策……アメリカ、オーストラリア、日本など

二、国家が住宅市場に介入して、民間借家が補完する社会住宅と民間持家が並存する政策……スウェーデン、オランダ、ドイツ、フランス、オーストリア、イギリスなど

オーストリアの社会住宅はミクスト・テュニア（混合保有）によりセグリゲーション（分離居住）を防止する目的で建てられたことは述べた。つまり分離居住の弊害が都市内部に拡大したためである。分離居住、この不毛な社会的差別は、人種、民族、所得、年齢などの類似性・同一性をもとに都市の特定地域に集中的に居住する、もしくはさせられている社会集団に対して行われる。

社会住宅の背景には多数の移民を迎えてきたヨーロッパ諸国の歴史的事情がある。二〇〇三年の総人口に占める外国生まれの人口割合はデンマークで七・一％、スウェーデン一二％、アイルランド一〇・六％、オーストリア一二・五％。欧州諸国は、彼らのような本来的に社会的経済的に恵まれない立場の人々（多くは借家人層）を分離居住させない施策を早くから取ってきた。フィンランドは北欧で

表1　各国、各主要都市の借家率、社会住宅率（1998・1999年）（％）

国	都市	借家率	社会住宅率
オーストリア		42	24
	ウィーン	75	
フランス		38	18
	パリ	62 ＊	
ドイツ		59	30
	ベルリン	90	
オランダ		48	36
	アムステルダム	83	
スウェーデン		40	22
	ストックホルム	50	
イギリス		31	21
	ロンドン	41	
アメリカ		32	3
	ニューヨーク	70	
オーストラリア		34	？
	キャンベラ	37	
日　本		27.4 ＊＊	6.7 ＊＊
	東　京	50.6 ＊＊	9.0 ＊＊

（資料・IUT機関誌2002年1月号、「日本の住宅・土地」）。＊1991年、＊＊1998年

最初にソーシャル・ミックスを実施し、一九七五年以後は大都市圏での持家と借家の割合をほぼ半々としている。続いてノールウェイ、アイスランドも分離居住との闘いに加わった。スウェーデンはその闘いの中で借家と持家の間を埋める「借家—持家」保有に当たる協同組合住宅（現在も北欧諸国に残る、権利譲渡と建物改造ができる借家権）を誕生させている。

ではウィーンなどの社会住宅が入居者の所得上限オーバーに寛大なのはなぜか？　低所得者向けの社会住宅が高額所得者向けの高級な品質、設備を備えていたら不公平でないとはいえない。しかし、もし平均より少し上の中堅所得者向けの品質、設備であれば、さほど不公平ではない。なぜならば、国や自治体は「国民に人としてふさわしい住まいを保障する義務がある」からである。ただし建築戸数は適正な、需要に応じた戸数でなければならない。公的住宅での高品質、低家賃の賃貸住宅の存在は、より高額な民間賃貸住宅の品質向上を促進させるだろう。これは公営住宅の設備の悪いのをいいことにして、民間住宅が安い家賃ほど設備が粗悪になるわが国の現状と正反対の状況である。また入居者が暮しているうちに給与が上昇して多少所得上限を越えても、民間賃貸より高品質ならば民間並みに増額された家賃で居住し続けるはずである。ソーシャル・ミックスや混合保有は収入の区別無く、中堅所得者や高額所得者らも地域で共存できるようにするのが目的である。これが後の方の疑問への回答である。

ここで「なぜ、国や自治体が全ての国民に人としてふさわしい住宅、住環境を保障すべきなのか？」について述べる必要があるだろう。だがそれは住まいの本質的な意味を考えれば当然のことなのである。また、住宅や住環境政策が本質的に私人の力だけで解決できない問題を内包しているからである。そこでまず「住まいとは何か？」から説明したい。

「住まい」とは、人が家族と共に暮らし、育てられた子どもが成長し社会に巣立つ場である。つまり「住まい」とは人が生命と文化を育む基盤である。したがって人は生まれながらにして、人としてふさわしい住居に住む権利を持つのである。

では住宅政策はどうあるべきか。現在、特定の地域や住宅団地内の分離居住に対しソーシャル・ミックス政策が取られている。様々な偏見に根ざした差別に対して、その特定集団の生活水準や住宅品質を適切で一般的な水準に保つよう努めれば、換言すれば特定地域への文化（教育、人的交流、文化的施設建設）、福祉（医療、介護）、経済（職業訓練や産業振興、インフラ整備）面での格差是正を図れば、特定地域での集団的差別的居住を、つまり分離居住の拡大進行を阻止できるのである。しかし、これだけでも住宅政策だけではとうてい対処できない問題である。このように住宅政策は地域のソーシャル・ミックスを実効的にするためだけにも、住民の幅広い生活水準に関わる問題と連動していかなければ、結局都市部の地域住民の良好な住宅、住環境を維持できないのである。

この点について、シャルロッテ・ハンブルガー氏は同氏の論文「住宅政策・都市政策と社会政策の結合」で次のように述べている（「北欧諸国における住宅と住宅政策」所収）。

住宅政策のみでは分離居住は除去できず、その否定的な影響の一部を取り除けるだけであると経験的にいえる。都市部や諸都市における分離居住は都市部の、したがって都市全体の開発の不均衡さに由来するものである。換言すれば、労働市場や企業および教育、文化政策等を含み、対象とする、政治的活動への幅広い要求事項が存在することを示すものである。

同氏の主張は、都市開発が文化政策や経済政策を含む総合的な住宅政策であるべきことを示唆している。これは住宅本来の性格から当然の帰結である。なぜならば、住宅は個人の生存、生活の場にとどまらず、地域住民、つまり社会全体の成長の場であり、生活水準、文化水準の向上、発展をもたらすべき諸政策と不可分な関係にあるからである。住民と自治体はこれらの水準に達するのに支援を必要とする階層に、つまり社会的弱者に社会福祉政策——特に社会住宅中心とした住宅政策と必要な経済的、文化的支援を含んだ——を実施すべきなのである。

スウェーデン政府は、この点につきさらに同国の住宅政策を明確に規定している。同国財務省の宣伝小冊子（「スウェーデンの住宅と住宅政策」）では次のように論述されている。

住宅政策は社会福祉政策の重要な部分である。……スウェーデンの住宅政策は国民の統合、公正と平等の実現への意欲に基づいている。スウェーデンは所得や他の社会的要因、もしくは経済的要因で人々を多様な集団に分けないように望んでいる。

住宅とは「個人の生活基盤」にとどまるものではない。住宅は「全地域社会、つまり全国の住宅・住環境を支え発展させていくための土台」である。それゆえに国民的な住宅政策理念を抜きに充分に機能し存続できないものである。住宅問題は個人で解決できず、全ての国民が自身の問題として政府、自治体と共同して、自主的に「総合的な社会福祉政策に含まれた住宅政策」を社会的弱者保護の地域つくりとして推進していかねばならない。そうでなければ、常に社会的弱者の犠牲の上に成り立つ、歪んだ社会構造のなかに良好な住宅と住環境をむなしく求め続けることになる。次に見るように最近のロシア、東欧諸国の住宅、借家の状況はその格好の見本例である。

4　住宅無責任国家のもたらしたもの

ベルリンの壁が崩壊した一九九〇年、ロシア、バルト三国や東欧諸国では、不動産の社会主義的所有から資本主義的所有へ、民有化への道を突き進み出した。最近では、中欧、東欧諸国はEU加盟に必要な国家財政の健全化のために、負担の重い住宅予算の削減を行っている。例えばポーランドで、国営賃貸住宅が地方自治体に引き渡されたのは、国家予算の不足を補うためと総合的補助金制度に基づく住宅制度を、民間住宅市場部門に移行させるためであった。各国の住宅保有割合のすさまじい変貌ぶりは、**表2**の各国借家率の変化を見れば容易に想像できよう。まず驚くのは、民有化された住宅の、つまり国から居住者等に売却された国営賃貸住宅の品質の悪さである。ポーランドでは、全住宅の三分の一に当たる四〇〇万戸が一九四八年以前築造の老朽住宅である。ルーマニアは一九九〇年から九三年まで国有住宅の売却、民有化を推進したため、持家率は九九年末までに九五％に達した。しかし持家化された住宅を含む全住宅の八割は、修復しなければ二〇年後には寿命が尽きる粗悪な住宅である。ポーランドでは全体の三分の一に当たる約四〇〇万戸が、一九四八年以前建築の老朽住宅である。老朽化にもかかわらず、家賃高騰化が進んでいる。チェコでは一九九〇年から九年間で家賃が九倍に、プラハでは一五倍に跳ね上がった。

表2　ロシア、東欧諸国、バルト三国、モルドヴァの1990年から2001年の借家率の変化（%）

(国名)	1990年	2001年
ルーマニア	33	5（＊）
ポーランド	56	46
ハンガリー	22	5
ブルガリア	7	7（＊）
チェコ	59	57
スロヴェニア	33	10（＊）
スロヴァキア	50	16
クロアティア	26	10（＊）
ロシア	67	37（＊）
エストニア	?	5
ラトヴィア	64	27
リトアニア	51	3
モルドヴァ	71	6

（資料・IUT機関誌2004年4月号）。＊1999年数値

家主らはさらに家賃規制の緩和を要求しているが、住宅需要が大きい都市部では既に規制の無い自由家賃が横行している。高額所得者でもある家主らは、勤労者の平均月収の半分にもなる高額自由家賃で貸付けている。市営住宅も新規借家の契約期間も三年間に限られている。賃貸借期間の限られた借家は借主に居住不安を生じるため、若いカップルが子どもを作らない理由のひとつになっている。国の補助金住宅は家主が維持管理しない劣悪な状態にあるため、借家人らは転居を余儀なくされている。モスクワの市営住宅は九〇年代に全住宅の九〇%から四六%に減少した。賃貸住宅四六%、残りが協同組合住宅一〇%と持家四四%になった。モスクワなどのロシア

諸都市では住宅難のため、市営住宅の居住家族は他人の家族と同居させられている。モスクワでは一六万家族が新居への移転の順番待ちであり、そのうちの七万戸が他人の家族と同居している。東欧諸国やロシアでの急激な国営・公営住宅の売却・民有化は、それまで社会主義体制に曲がりなりにも保護されていた経済的弱者層を、一転して非情な搾取と不当な圧迫のはびこる〝自由競争〟に放り出した。多くの東欧諸国やバルト諸国の新家主は貧しさから、彼ら自身の住宅の維持も満足にできないでいる。その一方で、新家主となった非良心的な人物や民間企業による営利目的の様々な嫌がらせ、法外な値上げ、立ち退かせ攻勢が続いている。借家人らにとって、抜け穴だらけの、あるいは改悪された法律や制度はあまりにも無力である。しかし東欧諸国の借家人たちは借家権保護の強化を求める闘いを続けている。**表2**で示した東欧七ケ国とマケドニア、ボスニア・ヘルツェゴヴィナ、エストニア、ラトヴィアおよびセルヴィア・モンテネグロの借家人団体は、既に国際的な連帯と協力を求めて、国際借家人連合に参加している。

現在世界的な社会住宅の売却・民有化攻勢が広がっている。IUTは二〇〇五年一〇月、毎年恒例の国際借家人デー（国連ハビタット・デー）のアピールの中でドイツ、デンマーク（コペンハーゲン）、ウガンダ、タンザニア、ノールウェイ、日本での公的住宅の民営・民有化の動向を伝えている。この他にオーストリアでも公的住宅が売却されている。アメリカ合衆国での補助金住宅家賃の高額市場家賃化、オランダでの家賃規制の大幅緩和の動きなどは、こうした公的住宅による住宅困窮者支援政策の後退を一層加速するものである。私たちは、現存の国際的な社会住宅政策の後退が、将来の社会住宅政策自体の危機に発展する可能性があると考えている。国際的な情報交流は借家人組織の強力な武器であり、国際的な連帯と協力に不可欠な条件である。まずはより広く、より多くの人たちに「住まい」、とりわけ社会住宅の持つ重要性を、世界の借家人団体の現状を通じ理解をして頂くことから始めねばならない。これが本書で借家人運動を取り上げた理由である。そのため次章では現在の「国際借家人連合」に至るまでの歴史とその運動内容などについて述べたい。

各国の借家人の現状を数値で示す表として、国や主要都市の借家率、社会住宅率を示したものがある（前掲表1）。これを見ればおわかりだろうが、借家人は決して単なる少数集団ではない。国や自治体はこれだけの数の人々の「住まいの権利」に対して充分に応えるべきであり、その責務は、一部民間企業に委ねたままでかえり見ないでよしとするのにはあまりに重いのである。

二、国際借家人連合

1　国際借家人運動の歴史とＩＵＴの結成

フランスでは既に中世に借家人らの適切な住宅や家賃を求めて、集団での要求運動がなされ、一六、七世紀には家賃値上げ反対運動が行われていた。一九世紀には不動産投機が横行したため労働者は値上りによる重い家賃負担に苦しめられていた。建物の不衛生さと疾病の流行により運動は「住居への権利闘争」へと発展した。当時はごく少数の先覚的な人たちが、警察に逮捕されながら先頭に立って、人々を住まいから追い立てる非情な家主らと闘っていた。家族数の多い借家人らは、子どもを古着を入れる袋に隠し冷酷な管理人の目をごまかして入居した。しかし、ひとたび失業や病気で家賃を滞納するや、彼らの古着は差し押さえられて売却され、粗末な家具は情け容赦なく路上に放り出された。一八八九年にパリで最初の借家人組織が、ついで一九一六年に「フランス借家人連盟連合（ＵＣＬ）」が結成され、第一次大戦時には出征兵士の妻たちの運動が家賃の支払猶予を実現させた。イギリスでは産業革命期後の劣悪そのものの住宅事情のもと、ロンドン、バーミンガムなどで高額な家賃値上げに反対して借家人団体が結成された。一八六九年にリヴァプールにイギリス最初の社会住宅のひとつが建設されたが、当時の労働者らは都市部の非衛生的なスラムに過密居住していた。イギリスでは一九一九年に「住宅・都市計画法」が制定されて、ようやく国の公共住宅政策への責任が明確にされた。フランスでも一九一二年のボヌヴェイ法で社会住宅の基盤が作られた。当時の借家人団体ＵＣＬの強力な宣伝活動で、一九一八年から三九年までの間に幾つかの借家人保護法が制定された。ドイツでは借家人組織の結成は早く、一八八〇年代に各地に結成されており、一八九〇年にハンブルグで借家人協会が創設され、一九〇〇年にライプツィヒに借家人協会連合が結成された。一九二三年に居住権を法的に保護する最初の借家人保護法ができた。その頃のドイツでは、急速に拡大する密集工業地帯での住宅難、「労働者病」といわれた結核など疾病の蔓延する不衛生な状態、暴利をむさぼる高家賃と強制立退きに労働者は苦しめられていた。しかし会員数では比較的生活の安定した商工業者、官吏、自由業者らの数が労働者よりも多かった。けれども第一次大戦後になると、ワイマール憲法の「全てのドイツ人の住宅への基本的要求を認める」内容がドイツ借家人協会の発展に大いに寄与することになった。全ドイツ労働組合同盟（ＡＤＧＢ）が組合員に借家人協会連合への加入を勧めたことも大きかった。労働者が会員の半数を占めるようになり、二〇世紀初め二万人だった会員数は数十万人に膨れ上がったのである。

スウェーデンでは一八九九年に最初の借家人協会が作られ、一九二三年には借家人協会全国連盟が結成された。一九一一年にオーストリア借家人連合ができた。一九一九年には国際的な住宅危機が広がり、ギリシャ、ドイツ、オーストリア、ベルギーで特に深刻化していた。一九二〇年代はヨーロッパで住宅問題への関心が高まった時期で、ドイツ、オーストリア、チェコスロヴァキアと北欧諸国の借家人団体との交流が図られ、一九二四年にパリでヨーロッパ家主連盟が発足したことがきっかけとなり、借家人の国際同盟の必要性が説かれるようになった。ヨーロッパの各国の借主団体は一九二六年五月二一日、スイスのチューリッヒで国際大会を開き、国際借家人連盟を創設した。同大会での決議と声明文は以下の通りである（参加団体所属国、チェコスロヴァキア、ドイツ、ハンガリー、スイス、デンマーク、スウェーデン、イギリス、フランス、オーストリア、ダンツィヒ）。国際事務局はオーストリアの借家人団体の担当となった。

一九二六年五月二三日

決　議

第一回国際借家人大会は全ての国の借家人協会が団結することに成功し、よって強大な闘う組織が創られたことを会議の帰結として、満足の念を持ってここに決議する。ヨーロッパ諸国の参加代表者等は国際的借家人組織の連合体として、住宅の改善、社会住宅家賃の導入、住宅関連法の制定および公営住宅と共同所有住宅の迅速な促進のため活動することを互いに約した。

家主らの利己的で有害な投機行為は止めさせねばならない。本大会は、各国の政府、諸政党に対して、全ての人が良質な住宅に住めるように国際借家人連合を支援することを期待する。

全ヨーロッパの借家人に贈るメッセージ

ヨーロッパの借家人たちよ！　私たちが成功するには全ての借家人らの積極的な支援が絶対的に必要である。私たちが連帯するには、それぞれの借家人たちが自国の借家人協会に参加することが必要である。私たちがたとえ少数であっても、全ての借家人の強固な団結のみが、強力で優勢な投機に走る家主らとの闘いでの勝利をより確かなものとする。

ヨーロッパの借家人たちよ、団結せよ！

日本は大正期の不況と厳しい住宅難のなかで、借地借家人らに対する大幅な賃料値上げ、立退きに反対する運動が都市部から全国に広がり、一九二一年に最初の借家法が制定され、翌年に東京で最初の本格的な借家人組織、借家人同盟が結成された。一九二〇年代後半、各借家人団体を支持、支援する野党が社会民主主義政党系と共産党系に分裂すると、各団体も政党の政治的主張の宣伝活動に埋没し急速に弱体化していった。ドイツでも一九二四年にはドレスデンの借家人同盟とベルリンのドイツ帝国借家人同盟に分裂、それぞれナチス党、社会民主主義者らを支持していたが、やがて後者もナチス支持にまわると、社会民主主義者の幹部らはその地位を追われた。国家社会主義体制のドイツでは一九四二年に借家人団体は強制的に建物所有者連盟と統合させられ、二年後には借家人運動の活動を停止させられ姿を消した。日本の借主団体は既に一九三〇年代のファシズムの台頭に伴い、諸政党、労働組合が自主解散すると共に消えていた。一九三九年、ヒトラーがドイツ総統になった五年後に、ヨーロッパの借家人協会の国際会議がストックホルムで開催されたが、事態は既に遅すぎた。

第二次大戦はヨーロッパのほとんどの市街地を破壊し、特にドイツ、オーストリアの自治体の所有していた公的住宅の大部分は廃墟と化した。オーストリア借家人連合は、一九五五年までにウィーンでの借家人団体の国際会議開催を各国の借家人協会に呼びかけ、それを受けてスウェーデン、デンマーク、西ドイツ、スイスの各借家人団体の代表者が集まり会議を開いた。彼らは国際借家人協会の復活につき討議し、暫定事務局をウィーンに置くこととした。一九五六年六月三〇日、スウェーデン、フィンランド、ノールウェイ、オーストリア、西ドイツの五ケ国の借家人団体が会議をスウェーデンのマルメで開催、スウェーデン借家人連合が国際借家人連合の事務局実務を担当し、事務局をストックホルムに置くことにした（国際借家人連合初代会長はスウェーデン借家人連合会長のレオナルド・フレデリクソン氏）。

国際借家人連合は一九九六年以来、「国際連合・人間居住に関する国際委員会」に参加し活動している。同委員会は、毎年ジュネーブで会議を開き、住宅、都市開発・再開発、居住の権利などについて協議している。

二〇〇六年一月現在、参加している団体の所属国は四五ケ国、五三団体。そのうち理事団体は一二団体、非理事団体一六団体、協賛団体は二五団体。参加国の内訳はヨーロッパが三二ケ国で全体の三分の二以上を占める。ヨーロッパ以外の国はベナンなどアフリカ六ケ国、日本、インド、オーストラリア、ニュージーランド、カナダ、アメリカ合衆国、エクアドルとなっている。

2 国際借家人連合（IUT）の目的、活動と理念（以後、IUTと略記）

IUTは、国際連合経済社会協議会の諮問団体の非政府組織であり、民主的な非政治的組織である。

目　的

IUTは次に述べる目的の活動を行う国家単位もしくは地方単位の団体（協賛会員団体を含む）により構成される国際的組織である。その目的とは、会員団体の協力を通じて借家人らの利益を擁護し、借家人らが手にすることのできる良好な住宅と住環境の品質、つまり居住者もしくは借家人、全ての人の民主主義的な権利を実現することである。

活　動

一　国際的活動（会員団体の活動）

▲経験、知識の交換のために国際的な集会、研究会、会議を開き、各団体間の個人的な交流を促進する。

▲国連などの関係機関（ＵＮＣＨＳ・ハビタットなど）、ヨーロッパ共同体や世界の同様の共同体組織、および居住に関連する非政府人権擁護組織に参加して借家人の利益の増大に努める。

▲インターネット、定期刊行物により住宅や借家人に関する情報を広める。

二　国家単位、地方単位の借家人団体と協賛団体の組織化

ＩＵＴの具体的な方針は、毎年一回以上開催の理事会と三年ごとに開催される総会で決められ、実務は事務局により運営される。二〇〇四年総会でＩＵＴの中欧・東欧事務所をプラハからリュブリャナ（スロヴェニア借家人協会）に移転している。

理　念

（＊二〇〇四年の総会で採択された「借家人憲章」には、ＩＵＴ参加団体の理想とする借家政策、住宅

や借家人組織像などが示されている。その内容の説明は紙幅に限りがあるので、四、に掲載した「借家人憲章」の全文を参考にされたい。）

同憲章の中心理念は「住宅への権利」（第一条）に示されている、**「高品質で手頃な費用負担で住宅を利用できる権利は、普遍的な人権で憲法や法律で正当に保障されるべきとしていること」**である。これに関連して他の条項で借家人組織の公認、活動の援助を述べ、借家人の権利として関連問題への決定参加の権利をはじめとして家賃、家賃裁判、保有の確保、住宅の品質、住環境などに関する諸権利や諸要求を挙げている。また社会住宅の意義は第八条で明確にされている。各個人はその時期に必要とする状況に応じ、多様な内容の、持家か賃貸住宅を自分自身の意思で自由に選択できねばならない。国や自治体はセグリゲーションを生じないように、充分必要な量の社会住宅を供給しなければならず、その一方で民間賃貸住宅は社会住宅の高価な補完的存在として規制されねばならない。「居住の権利」は、明確な社会住宅的権利として実現すべきものとしている。借家人や借家人組織の保護は、この政策の中心的な担い手としての借家人の活動を保障するものでもある。

国際借家人連合のマーク

三、各国借家人団体について

1　スウェーデン

制度、法律

二〇世紀当初のスウェーデン都市部は、他の多くのヨーロッパ諸国と同様に悲惨な状況であった。水道は無く、シラミと過密居住、屋外のトイレと一〇%の幼児死亡率、一九世紀以来の恐ろしい衛生状態の住宅。そうした状況から住人たちの家賃値上げ反対運動は始まり、さらに借家人組織の結成をもたらした。一八九九年に最初の借家人協会が、一九〇七年には国内各地に有力な借家人団体が結成されていた。一九一七年、政府は家賃統制に関する法律を人口五、〇〇〇人以上の各自治体に導入した。そのために、一九一五年から一九二〇年の間に生活費は一六〇%に上昇したが、家賃上昇は三〇%にとどまった。政府は四〇年代から次第に住宅政策に取り組み始め、住宅ローン補助金、家賃規制（一九四二年の家賃統制法、六〇年代後半に段階的廃止となり七〇年代まで残った）、低所得者や高齢の年金生活者への住宅手当制度が導入された。特筆すべきは、四〇年代から五〇年代前半までの各自治体による非営利公的住宅会社の設立である。同住宅会社には有利な融資金返済期間と利子補助金が認められ、大量の住宅が供給された。一九五八年には借家人代表と非営利公的住宅会社の間で交渉手続きに関する合意が成立。一九六八年には借家契約解除や法外な家賃値上げに対しての借家人保護が強化され、家賃の上限額が決まり借家人の住宅保有は安定した。一九七八年の家賃交渉法により、公的住宅会社と地元の借家人協会との間の年一回の交渉で家賃を決めることになった。

現在の住宅事情は、約四四〇万世帯のうち四三%が賃貸住宅に暮らし、四二%が持家、残り一五%が協同組合住宅や共有住宅に住んでいる。公的住宅会社は三二〇社で約八〇万戸を所有している。スウェーデンの地方自治体、コミューンは規模が大小様々で、最大で八〇万人から最小は二、五〇〇人であるが、最大のストックホルムには三つの住宅会社がある。同国の民法は家賃額や契約期間を規制しているが、これに基づいて建物賃貸借契約が締結される。交渉手続きは通常契約書に記載されており、借家人が交渉当事者を決めるという条項もある。こうして家賃の約九割が借家人協会と公的住宅会社の交渉で決まる。この交渉による家賃は民間家賃の基準にもなるので、民間家賃の値上げに影響を及ぼしている。同社提示の家賃額は、その地域での運営上の実際の総費用、賃貸収入と将来の維持管理に必要な準備金に基づくもので、官僚の推測値ではなく、借家人らの決めた共通の評価基準（居住地区の状況、建築水準、建物所在地、公共の輸送機関へのアクセスなどに関する）で調整される。公的住宅会社と借家人の最大の代表であるスウェーデン借家人連合の地元の協会との間で、二〇世紀半ば以来毎年一回家賃交渉が行われている。借家人は同連合の会員でなくても地元の協会に若干の費用で交渉を依頼できる。全ての借家人が協会に交渉を依頼しているわけではなく、約一割は協会の集団交渉によらずに決めている。また家主も家主協会に交渉を依頼できる。借家人が協会の交渉で決められた家賃額に納得できない場合は、家賃裁判所に再査定を請求できる。家主も同様の権利がある。裁判所は家賃がその建物にとって適正かどうかを決定する。決定は裁判官、借家人代表、家主代表の三人のメンバーが行い、通常は全員一致で決まる。その判断基準は比較事例の調査もしくは家賃の適正さの査定で行われ、ほとんどが後者の方法でなされている。この場合の家賃の決定は彼らの地域家賃についての精通した情報により決められる。民間家賃の水準額もこの査定に含まれる。民間家賃は比較的に高いため、実際より価値があるように思われている。

スウェーデンでは「国は国民への住宅供給に責任を負うもの」と法律に明記されている。国は住宅政策の立法化と住宅建設の財政面に関して、地方自治体は具体的な計画化と実施について責任を分担している。

ここでもうひとつ他の北欧諸国と同様にユニークな同国の協同組合住宅について説明しておきたい。

同住宅には営利と非営利の二タイプがある。これは協同組合住宅協会（ＳＫＢ）と協会会員らが協力して建物の利用に関わる制度である。営利タイプは会員のそれぞれが共有の協同住宅の建物内部を自由に改造でき、必要ならば建物持分を市場で売却できる。非営利タイプは協同組合が建物を所有しているが、戸数が少なく待機期間が長い場合が多い（ストックホルムで一五年から二〇年、最長四〇年で自分の子孫のために申し込むのだといわれる）。会員は申込金の他に、待機中は毎年の管理費と一定金額の分担金をＳＫＢの預金口座に振り込み続けることにより借りる権利を維持する。

スウェーデン借家人連合：ＳＵＴ（以後、ＳＵＴと略記）

会員数は二〇〇六年で五三万人、公的借家、民間借家の四割の世帯が会員である。組織構成は一〇の地方協会の下に約二〇〇の各自治体別の協会と各地方の住宅団地に約三、〇〇〇の協会がある。各地方で選出された二万五、〇〇〇人の会員代表がいる。ストックホルムの全国事務局には一〇人の理事会メンバーと約四〇人の職員、各地方には約九〇〇人の職員が配置されている。本部の業務は、住宅政策、政治問題、家賃交渉、環境、情報と伝達、国際情勢、管理と財政の各分野に分かれている。

ＳＵＴの主要な活動は、

(1)　毎年の公的住宅の家賃交渉を行うこと
(2)　手頃な家賃で良質な住宅要求への権利強化のための世論喚起と政策策定者（政治家）への公式、非公式のロビー活動
(3)　対家主関係での借家人の支援
(4)　均衡の取れた住宅水準、品質と家賃の実現
(5)　会員が借家人の権利、義務を充分に理解するように努めることと、ボランティアや職員の教育訓練

である。

SUTは一九二三年に設立された。会員の会費で運営されているが、その会員の具体的な特典は次の通りである。

①住宅に関する全ての問題での法的な支援、②入、退去居時の建物状態の査察・専門家による家賃交渉、③住宅に関する諸問題の情報の提供、④世論喚起と公正な住宅政策へ向けての政策担当者への圧力、⑤会員の居住状況改善に影響力を発揮すること、⑥教育、研究、調査・レジャー活動、⑦機関紙の購読

SUTはこれらの活動の他に、弁護士や他の会員による住宅問題や紛争についての会員向け個人的アドバイスを行う。また毎年各地方で約一万人を対象にした教育訓練やセミナーを開催している。同セミナーでは経済学、法律問題、借家人の権利、環境問題、消費者問題、建物の品質等がテーマとなり、若者向けの特別な訓練プログラムもある。紛争中の借家人を支援するため、フルタイムで活動するオンブズマンが雇用されており、彼らは通常の弁護士より家賃の法律に詳しく、交渉で自主的な合意に至るよう交渉する。交渉がまとまらない場合は、借家人の代理人として法廷で弁護士同様に弁護に当たる。会員は他の会員に特別な報酬無しで自分の代理人になってもらえる。

スウェーデンの公的住宅

ＳＵＴの強力な政治的取り組みと住宅団地活動

ＳＵＴは毎年その基本的な見解を「借家人プログラム」として発表している。プログラムでは新築、既存住宅への予算支出、建築規制、都市環境の改善などについて詳細に述べられている。ＳＵＴは、政策策定者や政治家らにその要求への支持を求めたり、ＳＵＴの見解や活動についての情報を伝えることで接触を保ちつつ、ロビー活動を行っている。政府も同連合に検討のために政治的案件を提示している。ＳＵＴは借家人の地位と建物保有の権利安定のための法律改正を目指している。ＳＵＴは、二〇〇一年に民間住宅協会と非営利住宅協会と、「賃貸住宅部門を発展させるための協力に関する合意書」を締結した。三団体は政府に対して、必要な法律改正のために賃貸住宅供給制度の分析調査を行うことを強く要求している。

各地方の借家人協会は、全住宅団地の約四五％に当たる団地で活発に活動している。協会は団地内での様々な活動、レジャー、文化的、社会的活動を通じて新会員を募集すると共に、協会の目的や必要性についての知識を広めている。

また団地内でのメンテナンス、内装工事、遊び場計画などに影響を及ぼせるよう関係者の間で協定書が交わされている。会員の募集は各地協会の有給の専門職員が行う他に、テレビコマーシャルも使って行われている。

ストックホルムの現状、住宅不足と高家賃（「二〇〇三年五月の居住状況」二〇〇三年五月SUT報告、トルボリ・ヴォーン）

政府は二〇〇二～二〇〇六年にかけて賃貸住宅不足（特にストックホルムの市内の）を解消する計画を進めている。同市では、毎年七、五〇〇人の急速な人口の増加にもかかわらず、九〇年代に年間平均僅かに一、八〇〇戸しか供給されなかった。その七割が営利協同組合住宅、二割が賃貸住宅、一割が持家である。同市では二〇〇二年の公的住宅の待機者は八万人を越えている。新たに市当局は公的住宅の借家人への売却を止めた。住宅三万五、〇〇〇戸――このうち二万五、〇〇〇戸が市の公的住宅で一万戸が民間家主の住宅――これらの住宅が自己所有された営利協同組合住宅に転換されている。市から安く購入した購入者らが建物を高値で転売して大もうけしている。市にとって最大の障害は建設用地不足である。二〇一〇年までに八、〇〇〇戸が建設予定されているが、その七割が営利協同組合住宅で三割が賃貸住宅である。家賃は市内の家賃水準をはるかに越えている。

2　オランダ

制度、法律

多数の社会住宅の存在がオランダの住宅政策を特徴づける。全住宅の三分の一以上を住宅協会や企業合同体が主として公的資金で建設してきた。住宅会社は国からの借入金や住宅補助金のお陰で家賃を適正に抑制した水準に保つことができた。民間借家は低家賃が多いが、建物品質は良くない。住宅会社は以前は地方自治体に属していたが、現在は政府から独立した組織になっている。同社は、地元や州の関係当局と住宅政策の目標達成を目指して協定を結び、公的事業を展開している。第二次大戦での民間賃貸住宅の大量喪失と戦後の社会住宅の大量供給が民間賃貸住宅の比率を著しく低くしている。六九〇万世帯のうち、借家人世帯約三二〇万世帯、四五・八％で、そのうち社会住宅は全体の三五％、民間借家一〇・八％、持家五四・二％（二〇〇二年）である。

住宅会社は五二七社で二四〇万戸、全借家の約八割を所有し莫大な収益をあげている。

同国住宅政策の骨格をなすのは居住用借家法（一九七九年）である。居住用建物の設備などの状態により家賃額を規制する法律であり、借家人が意思に反して立ち退かされない強力な借家人保護法である。家主が借家契約を終了させるには、借家人の同意が得られない場合は裁判所の判決によらなければできない。借家契約解除の最大の根拠となり得るのは「家賃の不払いか、もしくは家主が建物を自己使用する緊急の必要性があること」である。「建物や近隣全域の建替え、改造するための解約」も有効である。しかし「家主が建物を売却するための解約」は有効とはされない。

借家人は他の制度によっても守られている。家賃の法定最高額と法定値上げ最大率である。家賃の最高額は住宅の品質（床面積、建物所在地、利用できる設備・セントラルヒーティング、トイレ、シャワーなど）の評価で判定され、その総合評価点で基本家賃が決まり、これに共益費（エレベーター管理費、清掃代、共用部分の照明代など）が加えられて最高額が決まる。現在の平均的な家賃額は三六五ユーロ（約五万一、一〇〇円）で法定最高家賃額の七二％である。家主は法律で年一回値上げを認められている。政府は二〇〇一年の法定値上げ最大率を三・八％とした。家賃保護は家賃自由化制限額を越える家賃にはほとんど適用されず、規制は無いに等しい。しかし法的保護の無い家賃の借家人は全借家人の五～七％に過ぎない。値上げ紛争は家賃裁判所で争われる。社会住宅、民間借家ともに家賃規制が同じ基準なのがこの国の特徴である。

民法上では家主は建物の大修繕、外装や重要な維持管理に責任を負うものとされている。借家人は修繕をしない家主に対して家賃の減額請求の裁判を起こせる。住宅手当は政府が国民の住宅確保を保障するための、最も重要な補助的手段である。住宅手当は、「自由化制限額を下回る家賃だが、収入の割に高額な家賃を払う、一定収入以下の世帯」に支給される。原則的として受給する世帯は基準家賃額分を負担する。基本家賃額は六五歳以上と同未満、及び世帯人数に分けて決められている。最近の調査では約一〇〇万人が住宅手当を受給している。一九九八年に家主・借家人協議法が施行された。同法は家主に借家人団体との協議を義務付けている。借家人の全国レベルの代表であるオランダ・ウーンボンド（借家人連合）は政府から補助金を受けており、住宅政策の展開や実施する上で行政との重要なパートナーと見なされている。

オランダ・ウーンボンドもしくはオランダ借家人連合：ＤＵＴ（以後、ＤＵＴと略記）

政府は、ＥＵの予算不足限度規定に合わせるため大幅な予算削減を行うとともに、法定家賃最高額制度は残すが、法定値上げ最大率を二〇一〇年までの四年間引き上げ続け、賃貸住宅の二割を自由家賃化すると発表した。現在の自由化制限家賃は五九七ユーロ（約八万三、六〇〇円）であ

オランダの借家人団体のデモ風景
（撮影：Jan-Reinier van der Vlie）

る。オランダ住宅省は、家主を家賃収入の増加で大量貸家建設に誘導し、膨大な住宅不足を解決しようとしている。しかし一方で政府は、七〇万戸の住宅売却を意図しており、そのうちの五〇万戸は住宅会社住宅で、二〇〇一年段階で同社の所有する全住宅の二〇％にも当たる。

ＤＵＴの報告によれば、同国の借家人は貧しく、借家人らの七五％が月収二、四〇〇ユーロ（約三三万六、〇〇〇円）以下であり、月収の約二七％が家賃で占められている。家主層が家賃収益を増やせる現在、新たに貸家建設の意欲が起きるとは思えない。政府の自由化家賃範囲の拡大と大幅家賃値上げは、単に家賃補助金支出額の増加を招くだけであり、低所得者層の貧困を拡大させ、分離居住を呼び起こすものである。ＤＵＴは家賃保護の無い〝自由化制限家賃引き下げ政策阻止〃のために全力で闘っており、二〇〇五年春にはハーグなど数都市で反対デモを行っている。住宅市場の自由化政策により高齢者や住宅購入ができない人たちが高額な家賃を支払えず、立ち退かざるを得ない状況に追い込まれている。低家賃住宅の供給不足に加え、必要な改築、建替え工事が遅れているためで安い賃貸住宅への需要は供給量の数倍以上で、住宅の入居待機期間はアムステルダムやユトレヒトで三年から一二年である。

オランダの総人口に占める外国人の割合は高く、二〇〇三年に人口の一〇・五％がオランダ国外の生まれである。トルコ、モロッコなどからの外国人労働者とその家族や、旧植民地からの移住者、難民などを総じてエスニック・マイノリティと呼ぶが、オランダでは特にトルコ人、モロッコ人の割合は高い。外国人の比率は一九九六年のアムステルダムでは三二％、ユトレヒトが二九％に達する。彼らは大都市へ集中傾向がある。失業率もモロッコ人、トルコ人が高い。戦後復興期に労働者不足を補うために移民として受け入れられた。

移民に厳しい社会住宅への入居基準を改めさせる（IUT機関誌二〇〇二年九月号、リィア・メイジェリンク）

オランダの大都市では移民の第一、二世代が人口の半数を占めている。彼らは集団で小規模の住宅に大家族で暮らす。社会住宅に入居できるかどうかは、世帯規模、収入と待機登録した期間により決まる。オランダは全般的な住宅不足にあり、長い待機期間の間は劣悪で魅力の無い住宅が低所得者らの住まいとなる。少数民族の集中した地区が社会的経済的に衰退した地区になることは、極めて厳しい移民の社会住宅への入居の事情が原因である。オランダ生れではない移民の人々は待機期間が比較的短いため入居できず、やむなく民間借家に住む。したがって待機期間を移民向けに公正な入居審査基準に、つまり「実際に住宅を探している期間」にすべきである。さらに大規模な再開発計画で、居住者の住宅・生活様

アムステルダム近郊の少数民族向けの住宅
（撮影：ウーンボンド）

式を考慮したソーシャル・ミックスの住宅政策を取り入れるべきである。この社会住宅を賃貸や売却する政策により、収入の異なる人々が同じ場所で暮らすことを可能にするからである。

3　ドイツ

制度、法律

一九四〇年の住宅公益法はドイツの特徴的な社会住宅制度の土台を作った。やがて戦前から住宅供給に関わっていた公益住宅企業の「経済的に公正な公的住宅」供給が始まる。公益住宅会社の役割は、多くの国民に手頃な費用で手に入る良質の住宅を提供することであった。大戦後の第一次住宅建設法（一九五〇年）と第二次住宅建設法（一九五六年）により社会住宅の建設が進む。社会住宅には賃貸と持家があったが、入居対象者を低所得者層に限らずより広範な層にするため入居者所得の上限を高くし、家賃は上限のある費用家賃とした。連邦、州、自治体連合が建築主の民間企業、個人、公益住宅会社、公共法人に対して、建設費を無利子か低利子で融資した。

建築主は、融資条件として一定の建築基準（床面積の広さなど）、借家人の割り当て（住宅当局が一住宅に三人以上指定するなかから選ぶ）、法定の費用家賃にするなどを受け入れねばならないとされた。ただし建築主は融資額の完済後一〇年を経過すれば、民間貸家として貸すことが認められ、このことがドイツの借家率を極めて高いものとした。一九九八年の借家率は五九％、ベルリンが九〇％と大都市で特に高くなっている。社会住宅は五〇年代に大量供給された結果、一九六〇年には住宅不足は解消したと見なされ、統制解除法が制定される。以後建設戸数は明らかに減少していく。一九六七年から社会住宅入居者の所得上限が引き上げられ持家化に貢献した。そのかたわら建設費のコストの増大、ストックの民間住宅化が進んだため、社会住宅の建設戸数はさらに減少し続けた。低家賃住宅の減少で貧困世帯を中心に住居費負担が増えたため、対応策として対人助成である住宅手当制度が一九六〇年から導入された。同手当は家族数、所得、住居費をもとに決められ支給された。一九七一年に統制解除法で後退した借家人保護は借家人保護法制定で再び強化された。同時に一九六〇年代後半の激しい民間家賃の高騰を抑える目的で家賃比較対照表制度が始まる。同制度は各地で借家人団体、家主団体や自治体などが、建物の立地条件、建築年数、設備、規模などをもとに協議して基準となる比較家賃を定めるもので、比較家賃の範囲内で値上げ額を決める制度である。借家人保護としては、「更新拒絶には正当事由が必要だが、解約の結果が借家人に過酷となる場合は解約できない」とされる。

しかし住宅政策は市場主義・民間主導に向かって走り出していた。政府の建設資金ローンは六〇年代末に民間市場ローンに替えられ、建設補助金は利子補給金になった。政府は八六年に社会住宅家主への建設補助金助成を、八八年に公益住宅会社を廃止したが、公益住宅会社廃止で低所得層借家人割り当て住宅は大幅に減少している。八〇年代以後の規制緩和政策から社会住宅政策は大きく変わり始め、政策の重点は低所得の借家人への住宅手当と既存住宅の改善、近代化に移行している。

深刻な経済不況の影響と地方自治体の取り組み

二〇〇四年七月現在、失業率は一〇%を越える四二五万人。社会住宅のストックが急速に減らされ、その一方で社会福祉に依存する人々の求める低家賃住宅が不足しており、多くの地方自治体は予算不足を補うために公的住宅を大量に売却し民有化している。

ドイツ最大の公的住宅所有団体ＧＡＧＦＡＨ（公的国民年金基金所有）は深刻な国家予算不足を理由にアメリカ合衆国の民間年金会社に所有住宅を売却した。二〇〇四年には、ベルリンの主要な公的住宅会社ＧＳＷの六万戸が別のアメリカの会社に売却されている。

（ＩＵＴ機関誌二〇〇五年三月号）

二〇〇五年の報告では、国や地方自治体の公的住宅六〇万戸が過去五年間でイギリス、アメリカの民間投資会社に売却されている。二〇〇四年の国勢調査では各世帯の所得に占める平均家賃率は二一％だったが、南、西部ドイツの工業の中心地帯での家賃率は、家賃補助金受給者所得の三〇％、非受給者所得の五〇％となっているといわれる。新たな貧困層によるドイツ社会の経済的格差が広がっている。自治体当局は、社会住宅の入居者所得水準の引き上げや民間企業に借家人割り当て権を建設費助成と引き換えに与えるなどの政策を取っている。この政策は社会住宅の居住者が貧困者層に偏らないように、社会的分離居住を防ぐためでもある。最近の住宅政策の傾向を二〇〇四年八月のＤＭＢの報告から見てみよう。

伝統的な社会住宅政策の終焉（ＤＭＢ二〇〇四年八月「将来の社会賃貸住宅の役割　ドイツ社会住宅―増大と公的責任の時代の終り」Dr・F・G・リップ、B・リッケ、バーミンガムーUT総会）

二〇〇二年の施行の居住支援法（住宅供給促進法）以降、伝統的な社会住宅政策は終わり始めている。その政治改革は以下の諸点に集約される。……これまでの多数の人々のための社会住宅政策は、低所得者、多子家族、ひとり親の支援を重視する政策に変わった。現存の住宅ストックに補助金を集中し、改修工事に焦点を当てる。既存住宅は借家人に売却し、住宅団地の住民構成を等質的にする。補助金の使い方の責任を各州や諸都市に移し、都市開発では補助を必要とする地域により身近な計画とする。……

特に連邦および、地方政府は住宅補助金の使い方により柔軟に取り組むものとする。地方分権の見地から新たな住宅建設に換えて主眼を住宅ストックの更新に向ける。借家人の住宅割当て権は民間市場に移行され、地方の住宅不足の傾向により直接的に対応できるようにする。現存の住宅計画は都市更新の手段で環境の改善にもなりうる。しかし、これらの政策は理論上の話で連邦、地方政府が積極的に力を発揮した場合に結果が出るものである。我々は圧縮され続けた公共予算のお陰で将来の投資動向には懐疑的である。社会住宅への公的予算の全般的な不足は社会的責任の欠如である。手頃な家賃の住宅は〝価値ある社会的財産〟である。我々はドイツにおける社会住宅の基本的な配分、その建築費を必要としている。

ドイツ借家人同盟：DMB eV（以後、DMBと略記）

ドイツの借家人運動は長い歴史を持っている。ドイツには一九世紀後半に各地に借家人組織が存在していた。一八六八年にドレスデンに最初の借家人団体が結成された。一九〇〇年に施行された民法の「契約の自由」は結局家主の利益追求を法的に確立しただけであり、いぜんとして借家人らの不当な住宅困窮は続いていた。第一次大戦後の借家人らの運動により、一九二三年借家人保護法という画期的な成果が得られた。初めて借家権が**「保護される価値あるもの」**として認められたのである。しかし一九四二年に借家人運動が国家的統制下に置かれて以後借家人運動は存在しなくなった。

一九四六年、西ドイツで借家人運動が再開され、五一年にＤＭＢが結成された。当時の最優先の政治的課題は、大戦で廃墟と化した諸都市の再建と膨大な住宅不足の解消であった。住宅建設法が広範な階層の住宅需要に応える社会住宅建設の基盤として制定された。五〇年代は、地方自治体が強制的に家賃や借家人の入居割り当てに介入できる強制経済が社会住宅建設と共に行われていた。この他に公的資金貸付け、利子補給金、住宅取得・建設への優遇税制措置が取られた。その結果、一九六〇年に住宅難が解消したという理由で、統制解除法（リュッケ・プラン）が同盟の猛反対を押し切って可決された。同法は老朽住宅の借家人の保護規定や家賃規制を外すものであり、同盟は六〇年代から七〇年代にかけて激しい借家契約解除、家賃値上げ攻勢のなかで、借家人層の利益の代弁者として新聞宣伝や大規模デモなどの強力な権利擁護闘争を展開した。そのかいあって一九七一年に借家人保護法が制定され、以来「借家人への根拠の無い解約」、特に解約のための圧力手段としての「契約内容の変更」や「家賃値上げ」は強制できないものとなっ

ドイツの公的住宅

ている。一九七五年の借家人保護法は借家権を「永続的な権利」としている。同盟は一九九年のドイツ民主共和国（旧東ドイツ）の借家人同盟との合同で再びドイツ全域の借家人組織となった。

ＤＭＢ、ドイツ借家人同盟は一五の州協会連合のもとに三五〇の各地域家人協会で構成され、各地域に五〇〇ケ所の借家人相談所が設けられている。現在の会員数は一三〇万世帯、約三〇〇万人が関わっている。

ＤＭＢは市民が主体となって借家紛争の調停と借家人の利益を守るための全国組織である。

ＤＭＢは、超党派の政治的には中立の立場で自立しながら、全国の借家人一三〇万世帯の立場を代表している。ＤＭＢの活動は政府の援助によらず、会員の会費などの負担でまかなわれている。またＤＭＢは住宅や借家権に関する問題が生じた時は、連邦政府との極めて重要な討議に加わる団体のひとつである。ＤＭＢは国レベル、州レベルの組織が、それぞれ該当する立法や行政機関と交渉を行うものと一般に認識されている。ＤＭＢは「住まいは社会的な基本権である」（ヴィースバーデン会議決議、一九九一年）の立場に立って、借家人の権利の堅持と強化に努めつつ、適正な家賃、住宅手当、社会住宅の安定供給、住環境の問題に関して積極的に発言している。また借家人の立場から、各地方自治体の住宅政策、都市建設計画方針及び比較家賃表の作成などに協力している。

ＤＭＢは全借家人の政治的利益を追求するだけでなく、各地の借家人協会が法律家や借家問題の専門家を介して各会員の相談に応じ援助している。各地域の協会には常勤の一、五〇〇人の職員と、社会的地位を高く評価される二、五〇〇人の活動家がいる。一年間で一一〇万件以上の借家相談が持ち込まれ、その九七・八％が裁判所以外で解決されている。借家人協会は、世界最大の紛争調停所といえるかもしれない。ＤＭＢは、各州の協会連合、各協会と共に借家人のための法律などに関するテキストを扱う出版社を設立し、一九八三年には借家人の訴訟費用のための保険会社を設立し運営している。

ＤＭＢの最近の活動は次の通りである。家賃の法的規制は八〇年代に廃止されたが、強力な家賃規制は残っている。家賃は各地方の家賃水準に従って規制される。社会住宅も家賃規制がある。

家賃法の重要修正をかち取る（二〇〇五年四月、IUTアムステルダム理事会でのDBM報告）

ＤＢＭは長年の懸案であった家賃法の重要な修正に成功した。それは借家人からの「解約通知期間を退去日の三ケ月前」にしたことである。家主は「九ケ月前」を主張しているが、通告期間が短くなったため移動までの家賃の二重払いや、せっかく見つけた適切な移動先を逃さないで済む点で借家人に有利となった。また民間家賃値上げが三年に三〇％までだったのを二〇〇一年の新家賃法から二〇％と改めさせた。この値上げ限度割合の引き下げは同盟の重要な目標のひとつであった。

移民の街の再開発計画、ベルリン・クロイッベルグ・コップブッセル・トル地区

ベルリンのクロイッベルグは人口一五万人の三分の一がトルコ、東欧、中東などからの移民である。そのコップブッセル・トル地区の都市再開発計画は一九六三年からすすめられ、一世紀前の安アパートは近代的な高層住宅に建て替えられている。一九九九年以降、政府は「社会都市（社会的融合都市）」計画に着手し、同地区と他の一四地区を特別再生地区に指定した。コップッセル・トル地区の約四、五〇〇人住民の五五％がドイツのパスポートを持っていない。これまで様々な民族集団が集中的に居住し、多くの社会問題や紛争を起こしてきた。最大の問題は二三％もの高い失業率で、住民の四二％が福祉手当で暮らしていた。地区の近隣管理団体

の取り組みは、住民が自らの技量や能力で生活を変えるための基礎的な支援をすることであった。重要な目標は労働市場や、より多くより良い教育の機会を与え、居住状況、周辺環境の改善をすることであった。それには借家人委員会、地元の営業関係者、アパート所有者、不動産管理業者、福祉団体、警察関係者、市当局などの長期にわたる協力関係を作り上げることが必要であった。実際に過去二年間で多くの若者らに就職先と運動場を与えることができた。最初の目標、近隣地区を安定化させることと建物や周辺地区への無関心を無くすことーは基本的に達成していると思われる。しかし最大の成功は、環境に対する共通の責任感を作り出すために人々の持てる

コップッセル・トル地区
（撮影：TÜGEN SCHOO）

能力を動員できたことである。

（ＩＵＴ機関誌二〇〇二年九月、バルバラ・リッケ）

4 フランス

制度、政策

二〇世紀の初めに広がった家賃上昇と住宅不足に対して、ボヌヴェイ法が一九一二年に制定された。同法により低家賃の労働者向け住宅建設に公的介入が認められ、非営利の低廉住宅公社（ＨＢＭ）が設立された。労働者等の住宅改革を求める運動から始まり、一九一六年に借家人の全国組織（ＵＣＬ）も結成された。一九二六年にはルシュール法によるＨＢＭ公社を介しての住宅の計画的供給、国による資金融資計画体制が確立された。第二次大戦後の深刻な住宅難のなかで、一九五〇年法により、ＨＢＭ公社は社会賃貸住宅を供給する非営利のＨＬＭ（適正家賃住宅）公社と改められた。その住宅建設資金の長期低金利融資の条件としては、建築主に守るべき建築基準、家賃上限、入居者の所得上限が定められた。同公社は六〇年代に大量の社会住宅を供給した。ＳＥＭ（混合経済公社）はＨＬＭ同様に中低所得者向け賃貸住宅を供給・管理する。

フランスの住宅政策は、住宅建設や修復改善資金の助成融資の他に、家賃や持家の住宅ローン返済補助の対人助成と税制優遇の三制度からなる。一九六〇年代後半からの北アフリカ地域からの多数の移民の社会住宅入居と、七〇年代の低所得者、失業者、外国人、ひとり親などの住宅困窮世帯の大規模団地への集中居住によって、HLM住宅団地の住環境は悪化し様々な社会問題を生じた。一九七七年にソーシャル・ミックスをすすめるために、対人助成が、特に低所得者援助の強化を重視して強化改善された。しかし政府は七〇年代には持家政策にも力を注ぎ出している。七七年に持家取得助成貸付制度を発足させた。八〇年代には高騰する家賃から借家人保護を強める法律を制定した。八〇年のオイルショック後に景気が後退し民間家賃が高騰したため、八二年にキィヨ法が制定された。同法は借家更新権を明確に保障し、家賃値上げ率の規制、特に借家人と家主の代表が加わった賃貸借関係全国委員会は、家賃最大値上げ率を毎年協議して決めることができるものとした。そのために家主や不動産投資家の抵抗を受け賃貸住宅供給量が減少した。八六年のメニュリ法は逆に家賃規制を緩和し家主の権利を強化したが、八九年に両方の中間的なマルメズ法が制定され、同法でも家賃規制が継続している。借家人保護としては、契約更新拒絶に必要な正当事由は「建物の売却」でもよい。しかし「七〇歳以上の高齢者への更新拒絶はできない」とされている。八〇年代は地方分権化を推進する法制が整えられ、都市計画権限が中央か

郵　便　は　が　き

料金受取人払

本郷局承認

6147

差出有効期間
平成20年 2月
28日まで

1 1 3 - 8 7 9 0

（受取人）

東京都文京区向丘1-20-6

株式会社 東信堂 読者カード係行

ふりがな
お名前　（　　歳）男・女

（〒　　）（TEL　－　－　）
市　区
　　郡
ご住所

ご職業　1. 学生（高 大 院）2. 教員（小 中 高 大）
3. 会社員（現業 事務 管理職）4. 公務員（現業 事務 管理職）
5. 団体（職員 役員）6. 自由業（　　）7. 研究者（
8. 商工・サービス業（自営 従事）9. 農・林・漁業（自営 従事）
10. 主 婦　11. 図書館（小 中 高 大 公立大 私立）

お勤め先
・学校名

ご買上
書店名　市 郡　区 町　書店 生協

東信堂愛読者カード

ご愛読ありがとうございます。本書のご感想や小社に関するご意見をお寄せください。

ご購入図書名

■ご購入の動機

1. 店頭　　2. 新聞広告（　　）
3. 雑誌広告（　　）　　4. 学会誌広告（　　）
5. ダイレクトメール　　6. 新刊チラシ
7. 人にすすめられて　　8. 書評（　　）

■本書のご感想・小社へのご意見・ご希望をお知らせください。

■最近お読みになった本

■どんな分野の本に関心がありますか。

哲学 経済 歴史 政治 思想 社会学 法律 心理 芸術・美術 文化 文学
教育 労働 自然科学（　　） 伝記 ルポ 日記

記載いただいた個人情報・アンケートのご回答は、今後の出版企画への参考としてのみ活用させて頂きます。第三者に提供することはいたしません。

ら地方政府に委譲された。九〇年代の地区社会開発（ＤＳＱ事業）は住宅困窮者らの経済的支援のために、住宅・住環境改善を組み合わせて大規模社会住宅団地を対象に行われた。九〇年代半ばには失業者など多数のホームレスや住宅困窮者の増加が問題化した。一九九〇年に制定されたベッソン法は、地方自治体に対し住宅困窮者への住宅を確保する行動計画の策定を義務づけ、また民間賃貸住宅とともに民間住民組織、ＨＬＭ関連団体（九五年当時で約九〇〇団体）を活用し、国や地方自治体の住宅政策へ協力させる趣旨のものであった。また住宅困窮者への資金貸付、補助金など支給する住宅連帯基金を設置している。同法は「住宅への権利を保障することは国民連帯の義務のひとつ」としている。

二〇〇二年の借家率は四〇％、社会住宅率は一七％である。政府は業界の要請に応じて社会住宅の売却、民有化を奨励している。二〇〇一年に議会は主要都市の社会住宅率を二〇年間で二〇％にすると決定した。社会住宅率一四％のパリ市が、現在の年間一、三〇〇戸のペースで建てると、二〇％に達するにはあと五〇年かかるといわれている。借家率は一九七三年に四四・三％、社会住宅率は一一・三％で、借家率と逆に社会住宅率は過去二九年間で五・七％上昇している。

全国借家人連盟：ＣＮＬ（以後、ＣＮＬと略記）

ＣＮＬは会費を負担して支えている数十万人の会員で構成されている。全国組織としては九二の県連合組織の下に数百の協会がある。同連盟は複数の理事により指導運営され、執行部は理事全員の互選で選出される。ＣＮＬは、第一次大戦初めに結成されていたＵＣＮＦの名称を一九四六年に改めたものである。同組織は一貫して借家人の利益を守る立場を堅持してきている。一九七三年以降は持家購入者も加入できるようになった。ＣＮＬはいかなる政党にも奉仕せず、借家人と持家購入者への影響を考慮しつつ、政府の方針、決定を判断し行動する。ＣＮＬの主たる活動は以下の通りである。

(1) 借家人に必要な情報や権利内容を伝え、権利を獲得し擁護するための活動
(2) 多くの人が無理なく負担できる家賃、諸費用を実現するための活動
(3) 会員は高品質の、清潔で衛生的で安全な住宅実現のための活動
(4) 会員相互の懇親とソーシャル・ミックスのための活動
(5) 地域、県、国の計画に対する申し入れ、要求、要望、請願や示威行動

フランスの住宅事情（二〇〇五年六月、ＩＵＴ理事会報告、ジャキュィ・ティセ、ＣＮＬ）

政府の住宅政策は住宅危機を傍観し、住宅投機を助長しているように思われる。銀行や保険会社所有の収益性の高い賃貸住宅が売却され、借家人は新家主に建物買い取りか、立退きを選択するよう迫られている。貧しいといえない借家人でも買い取れずに追い立てられている。住宅相は反対するＣＮＬに対して、高齢な借家人だけをある程度保護すると述べた。家賃は投機によりインフレ率の二倍まで値上がりしている。ＣＮＬはフランス全土で立退き反対のデモを組織した。

借家人らは多重債務、失業や疾病が原因での経済的困難から建物買い取りもできず家賃も払えず立ち退かされている。ＣＮＬは二〇〇六年前半に各地方での学習会や全国集会の開催を計画している。……

5　イギリス

法律、政策

一九世紀後半のロンドン、リヴァプールなどでは、労働者らは高家賃、過密居住、不衛生な居住環境に苦しんでいた。借家人団体は、一八八〇年代から一九一五年までの　連の家賃ストで全ての借家人の代表としての立場を確立した。一九一五年の家賃制限法は、借家人を強制立退きや高家賃から保護するものであったが、住宅難はなかなか解消しなかった。第一次大戦後は劣悪な住宅事情への大衆の怒りと「英雄達へ住宅を」の大キャンペーンが行われ、民間賃貸住宅の家賃や住宅品質が規制された。一九一九年の都市・住宅計画法は自治体に住宅建設計画策定を義務づけ、国に資金補助を行うことを定めた。既に一九世紀後半には住宅協会は、民間非営利の住宅供給団体として労働者向けの住宅を供給していたが、第二次大戦後も自治体と並んで多様な利用者に応じた住宅の供給に従事していた。住宅協会は一九七四年の住宅法に基づき、多量の政府資金を使えるようになったことから、各地方自治体とともに劣悪住宅地区の改良事業をすすめた。

八〇年代からのサッチャー政権の公営住宅の大量売却は、公営住宅への支出減少、公営住宅の供給減少とともに、大量の住宅困窮者、ホームレスを誕生させたが、一方では持家層の急増という都市居住者層の両極化をもたらした。九〇年代に入ると各地方自治体は、こうした政府の反公営住宅攻勢に対して、地方分権の立場で新たに住宅協会を設立し公営住宅をそこに移していく。それはいわば家主としての責任の放棄であるが、二〇〇三年で全自治体の五分の一を越える自治体が、七〇万戸以上の住宅を住宅協会に移している。小規模の住宅協会は住宅の供給、維持の点から他の協会と合併している。政府の二〇一〇年までの高品質化実現という住宅品質改善要求や、住宅建設を急ぐ必要がこうした動きを加速している。公営住宅の売却は、公営住宅を購入できないか、公営住宅を是非とも必要とする階層のみの住む〝残存物化〟している。現在、公営住宅は自治体による集中所有から民間住宅協会所有に移行しつつある。自治体の公営住宅率は八一年の全ストックの三一％から九九年の一六・五％に減少し、住宅協会の住宅所有率は一％から五・五％に上昇している。このままいけば自治体が公営住宅供給に責任を持たなくなり、もしくは公営住宅が民営化されると危惧する声が挙がるのも当然である。

現在の社会住宅は約五〇〇万戸で、非営利住宅家主所有としての英国住宅は、地方自治体と登録社会住宅家主（ＲＳＬｓ、主に住宅協会）に所有されている。

現在のイギリス借家法

第二次大戦直後の労働党政権は公営住宅建設を住宅政策の中心として新規民間住宅の建設を許可制としたが、公営住宅のような補助金を設けなかったため民間賃貸住宅は急速に減少していった。一九六五年に家賃法が成立し家賃規制、公正家賃制度が導入された。公正家賃とは家賃査定官が決定し登録された家賃で、後述の規制賃貸借契約での最大限度額となる。その後に七七年家賃法と八〇年住宅法をもとにした一九八八年住宅法の制定により、一九八九年一月一五日を境とした二種類の契約に分ける借家法制が形成された。

① 一九八九年一月一四日以前に締結された借家契約は「規制賃貸借」、「保証賃貸借」と「保護短期賃貸借」と呼ばれる。

② 一九八九年一月一五日以後に締結された借家契約は「保証賃貸借」と「短期保証賃貸借」と呼ばれる。「保証賃貸借」、「短期保証賃貸借」はそれぞれ①の、「保証賃貸借」、「保護短期賃貸借」の内容を家主有利に改めたものである。

「規制賃貸借」

家主は次の事情がある場合にのみ、裁判所の命令で賃貸借契約を終わらせ借家人を立ち退かすことができる。

・借家人への適切な代替住宅の提供、・借家人の家賃不払いなど契約義務の不履行、・借家人の隣接して住む借家人、居住者への生活妨害や嫌がらせ行為、・借家人の物件損壊による居住条件の悪化、・借家権の無断譲渡・転貸、・家主か、その家族がその建物を必要とする事情、・家主が死亡し、その相続人が建物を空家にして処分する必要があること。

〈なお一九七七年の立退き保護法で、不当な立退かせ、嫌がらせ行為には裁判所に訴えて損害賠償と差

止命令を求めることができる。〉

規制賃貸借では、家主は以上の事情のあることを立証できなければ、借家人を立ち退かすことはできないことにより借家人の居住権を保護している。家賃は借家人の関係当局への申請で公正家賃にできるので、不当な値上げを抑えることができる。なお「保証賃貸借」は家賃が市場家賃となる点が異なる。「保護短期賃貸借」は公正家賃であるが、契約期間は一年から五年間に限定されており、つまり「定期借家」である。しかし②に変わると、八九年一月一五日以後の借家契約での「保護短期賃借＝短期保証賃貸借」は家賃規制を無くし、最低賃貸借期間を六ケ月以上（最初の六ケ月では解約できないが）とすることでより解約しやすく改められている。また②の「保証賃貸借」では、①の「賃貸人は環境相指定の特定団体のみ」とした規制が無くなっている。

一九九六年の住宅法は保証短期賃貸借の設定を容易にしたが、①の期限以前に契約締結の借家のみである規制賃貸借は激減し、家賃上昇による住宅手当受給者数、給付額の増人を招いている。

住宅手当制度としては、一定収入以下の借家人（公営、民間借家共に）に国からの住宅手当がある。家賃手当額は適格家賃から収入と必要生計費の差額分を差し引いた額などから算定される。

サッチャーの人気取り政策で失われた大量の公共財産

一九八〇年から一九九四年までに約一四〇万戸の公営住宅が売却されたため多くの住宅困窮者やホームレスを生み出している。一九七九年からのサッチャー首相の新保守主義政権は、地方自治体政府の権力抑制政策を展開した。その最大のものが「公営住宅の売却政策」であった。それは持家層の増加と公的住宅予算の削減につながった。また八〇年代の借家法の改正は、借家権を弱めて民間借家市場の活性化を狙ったものである。公営住宅の大量建設政策の影響で民間賃貸住宅は一九三九年に全ストックの五七％もあったが、七一年には一九％にまで落ち込んだ。住宅の保有別ストックの割合を見ると、八〇年の借家四二％、持家五八％は、二〇〇〇年には借家三一％、持家六九％となっており、借家の減少分がそのまま持家の増加になっている。社会住宅（公営住宅）は九八／九九年に借家全体で三一％に対して二一％となっている。サッチャー政権から始まる住宅への公的投資減少傾向は、二〇〇二年の労働党政権になっても保守党政権当時と変わらず、今後も続くと思われる。

イギリス住宅団体ＴＰＡＳのＲ・ウォリングトン氏は、サッチャー氏の政策を批判して次のように述べている。

「住宅購入権政策」は大掛かりな大衆人気取り政策であり、最良の社会住宅ストックが掠め取られた。残ったストックは、社会的弱者達が選ばざるを得なかった最も質の悪い、最も人気の無かった住宅団地であり、彼らにとっては最後の頼みの綱となった住まいであった。

（ＩＵＴ機関誌二〇〇二年五月号）

イギリスと日本の借家法改悪内容の驚くべき類似性

日本の借家法改正作業が本格化したのは、イギリスより少し遅い八〇年代以降半で一九九三、一九九九年と二度にわたり借家関連の法改正が行われた。その内容にはイギリスの法改正と以下のように多数の類似点がある。(1)日本の法改正の目的が「民間借家の供給促進」であった点、(2)借家を既存と新規という形で一定時期（一九九二年、平成四年八月一日）を境に分別した点、(3)新規借家の更新条件を厳しくし弱体化した点、(4)「短期保証賃貸借」に該当する「定期借家」を新設し、さらに数年後に別の法律*で改悪した点、(5)契約の賃貸借期間はイギリスの期間と違っているが、日本の定期借家では「通告期間終了後の再通知を終了の六ケ月前でよい」としたため、この場合の「最低賃貸借期間」が一致した点、(6)「家賃値上げの規制（借地借家法第三二条、賃料増減請求権）」を特約で外せるとした点もイギリスの「短期保証賃貸借」の自由家賃化と類似している。日本の借家法の改悪では新規借家の多くが定期でない普通借家のままにとどまったが、イギリスでは規制賃貸借が激減し、代わって日本の定期借家と同じ短期保証賃貸借が急増し、借家権の弱体化が顕著となっている（＊「良質な賃貸住宅等の供給促進に関する特別措置法」）。

借家人参加助言機関：TPAS（以後、TPASと略記）

ＴＰＡＳは社会住宅の借家人と家主らが協力して住宅管理と賃貸借関係改善のために活動している。運営は一二人の執行委員と、会員から選出される五つの地方委員会の、約五〇名のボランティアが受け持つ。ＴＰＡＳには政府の政策等を論議する二〇人の全国諮問会議がある。ＴＰＡＳの運動目的は、会員が借家人や地域団体の代表としての役割を充分果たすために、良好な協力関係を形成し支援することである。借家問題などの個人的な権利に関する支援は他の住宅団体が行っており、ＴＰＡＳは行わない。その活動は一九八五年の住宅法の「借家人が住宅管理に関する事柄について諮問する法的権利」で保証されている。イギリスの最初の借家人団体は一九二〇年代に登場したが、七〇年代に借家人らは法的権利、特に保有の確保と相談活動に従事していた。この頃に全国借家人協会（ＮＴＯ）が結成され、一九八七年「全国借家人と居住者連盟（ＮＴＲＦ）」が創設され、一九九七年にＮＴＯとＮＴＲＦが合併して「イギリス借家人・居住者協会（Ｔ

AROE)」となった。TAROEは借家人と居住者の全国的権利擁護団体である。TPASは一九八五年に全国消費者協議会が呼びかけて、八八年に借家人と家主のための助言機関として結成された。同団体は黒人・少数民族の借家問題、若者や高齢者の住宅問題、借家人・居住者団体の設立運営に関する問題を調査研究している。またTAROEの借家人のためのロビー活動の戦略や事業計画を援助し、借家人らに借家人組織の結成、運営を指導している。TPASは現在、「法律を守らない家主と共に借家問題の解決を図る機関が無いこと」が問題であるとしている。

6　オーストリア

制度、法律

二〇世紀初めの首都ウィーンは、過密狭小の住宅が建ち並ぶ劣悪な居住状況にあった。第一次大戦後に、立退きからの借家人保護や管理費を規制する、最初の借家法が制定された。当時の住宅事情は極めて悪く、ホームレスが激増し「ウィーン病」といわれたチフスが蔓延していた。それでも一九二〇年代に、国際的に名高い改革計画によるウィーンの社会住宅制度がスタートし、この制度はその後八〇年以上も続けられている。一九二三年~三四年の間に六万四、〇〇〇戸もの労働者住宅が建設された。現在もウィーンの人口の六〇％（市営住宅二二万戸を含む）が補助金住宅に住んでいる。借家率が約四割となっているのは、この二〇年代からの借家人保護のお陰である。借家人保護に大きな役割を果たしているのは、一九二二年以来の家賃規制制度であり、家賃の最高限度額が法律で規定されている。家賃は建物の設備の状況を判定して決められている。保有別住宅の割合は、民間賃貸住宅が一八％、公営住宅が一〇％、第三セクターの収益制限建設協会の収益制限住宅が一一％、持家が六一％。協会の住宅家賃は原価家賃とされ、決められた低い収益を住宅の建設や修復に投資しなければならない。収益制限建設協会はオーストリアの全住宅ストックの一一％、全ての賃貸住宅の二五％を保有している。なお二〇〇三年の借家率は

ウィーンで70年以上前に建築され、現存する労働者向け住宅
（撮影：MÁRIA VAN VEEN）

三九％である。ウィーンには、一九世紀から二〇世紀に掛けて建てられた住宅を含む、戦前からの古い住宅が多数残っているが、家主には修繕義務が課せられている。もし家主が修繕しない場合には、借家人は修繕費用の無利子または低利子の公的融資を受けられる。修繕に要した費用は、立退き時に実際の価値までの家賃額の減額で返還される法的手続きがある。九四年以後は、最高基本家賃額の評価基準に「建物所在地の地価」と「追加設備分」が考慮されるようになった。

家主は「厳しい判断事由に基づく裁判所の通告でのみ」立ち退かすことができる。その事由とは、・催告書の送付されている家賃の不払い、・借家人の他の居住者または家主に受忍できない行為や賃借物件に著しい損害を与える行為、・賃借物件の不使用、・第三者への転貸などである。

オーストリア借家人連合：ＭＶÖ（以後、ＭＶÖと略記）

ＭＶÖは一九一一年に当時の劣悪な住宅事情への怒りから結成された。三一年には会員数二五万人を擁していたが、ファシズム勢力の台頭で解散に追い込まれた。同連合の会員は同連合の事業に関する次の諸権利を有している。

(1)　全ての家賃や居住権に関連する問題での無料相談

(2)　不当に高い家賃、管理費、未償却分の取戻し

(3) 借家紛争での無料相談
(4) 高額家賃の相談と支援
(5) 仲介業者及び仲介手数料の検査
(6) 借家契約に関する相談
(7) 年間四回発行の機関紙「借家人」の購読(現在の住宅関連情報掲載)

二〇〇一年のMVÖの報告によると、二〇〇〇年の連立政権成立当時から従前の住宅政策が住宅市場向けに変更され、併せて借家権保護法が修正、弱体化されている。家賃規制は緩和されており、借家契約継続に関する規制は実質的に自由化され一部の借家は保護対象外となっている。G・フィアラ氏は、次のように二〇〇一年当時のオーストリアの状況を鋭く批判していた。

新しくも陳腐な政治的風潮

州所有の公益事業収益制限住宅会社(五社で六万戸所有)が借家人にでなく、民間投資家に売却されている。投資家らは、莫大な公的資金融資で建設した住宅の家賃収入で多大な収益を上げるだろう。政府は借家人や住宅団体の強い住宅政策への影響力を弱めようとしている。連立政権の一方の自由党は不動産ブローカーと不動産関係団体に援助されており、オーストリア国民党は家主の代理人で、共に借家人保護を弱め不動産所有者や投資家の収益増大を目指している。

（二〇〇二年一月ＩＵＴ機関誌　ガァビィ・フィアラ、オーストリア借家人連合）

7　オーストラリア（西オーストラリア州、クィーンズランド州）

制度、法律

オーストラリアは各州ごとに違った建物賃貸借法を持っており、持家率が約七〇％と高いのは連邦政府が持家化を強力に支援しているためである。しかし安心して住み続けられる低家賃住宅が不足しており、若者、失業者、単身者、ひとり親家族のような低所得者の借家人らにしわ寄せがいっている。公的住宅は全住宅の僅か五％に過ぎない。家賃は借家人所得の二〇から二五％に達する。借家人の八割が低所得者保護手当の受給者であり、保護手当の低所得者の集中化が社会問題化している。公的住宅の多くは小規模な民間ボランティアの管理委員会によって管理されている。

●西オーストラリア州

法律、制度

一九九六年、西オーストラリア州住宅委員会（ホームズウエスト）の公営住宅には約三万六、〇〇〇人以上が入居の順番待ち状態にあった。同委員会によれば、ホームズウエスト借家人の九割が何らかの年金受給者である。一九九六年現在、連邦政府からの家賃補助受給者（これには比較的高い家賃を払っている人も含む）八万三、〇〇〇人を越えていた。社会住宅には公的住宅と地域住宅の二タイプがある。公的住宅は国家住宅庁（ＳＨＡ）が補助金を出す連邦住宅協定に基づき供給する。住宅の管理は地方自治体か非政府、非営利の地域団体——住宅協会、住宅協同組合、協会団体を含む——により行われる。新規借家の家賃は借家人所得の二五％とされているので、公的住宅の家賃は二二％から二五％の間に設定されている。

弱体な借家権に泣かされる借家人

家賃値上げに関しては同州の借家人には何の保護も無い。家賃値上げの規制が無いばかりか、反対するのにはあまりにも無力である。仮に借家人は値上げ反対訴訟を起しても、家具や設備の面で減額できることを、もしくは家主が値上げを追い出しのためにしていることを証明しなければばならない。これらは実際には極めて困難である。また借家人は家賃が契約当初から不当に高かったことや、値上げ自体が不当という判決も求めることも不可能である。これに対して家主は値上げの通知を六〇日前までにするだけでよい。借家人が家主の値上げ要求に対して反対が難しいことが居住の安定を著しく脅かしている（居住用借家法、一九八七年）。次に問題なのは賃貸建物設備の最低基準規定が無いことである。このことが不当な家賃値上げに遭っている借家人をさらに苦しめている。一部の悪徳家主は、より良い住宅を求めても借りられない人々、ひとり親やアボリジニの借家人らに劣悪な設備の住宅を貸付け儲けている。

悲惨な差別居住を強いられているアボリジニ（クーリ）の人々（二〇〇二年一二月IUT機関誌、ジョセ・ブース、NSW借家人助言擁護ネットワーク）

アボリジニ（クーリ）とはヨーロッパ人が土着の先住民を呼んだ呼び名で現在四〇万人。全オーストラリア人口の約二％。一九九六年では西オーストラリアのアボリジニ一、三五三家族が過密居住し、一、〇六二家族、数千人がホームレスで、全ホームレス人口の五二％を占めていた。彼らの健康状態はきわめて悪い。教育と就職率は低いが、逮捕歴のある者の割合は高い。都会では彼らに家を貸したがらないため、彼らは公的住宅の居住者の一八％を占める。彼らの持家率は二八％に過ぎない。彼らは絶望的な貧困のなかで雨漏りのする屋根、腐った床の家に過密居住するか、裏庭の小屋、橋の下や人目の付かない場所、自動車の後部座席で暮らしている。子どもたちは学校に行かず、彼らの入院率は高い。母親から扶養できないからと子どもを引き離す過去の悪業はあまり変わっていない。なるほどオーストリアの首相が彼らに謝罪の言葉をいえないわけである。

「西オーストラリア行動する機会平等委員会」は、彼らからの苦情の多いホームズウェストの公的住宅の入居差別に関する調査を行っている。オーストラリア政府により現在も行われている、先住民の人たちの人権を踏みにじる行為は国際的に厳しく非難されるべ

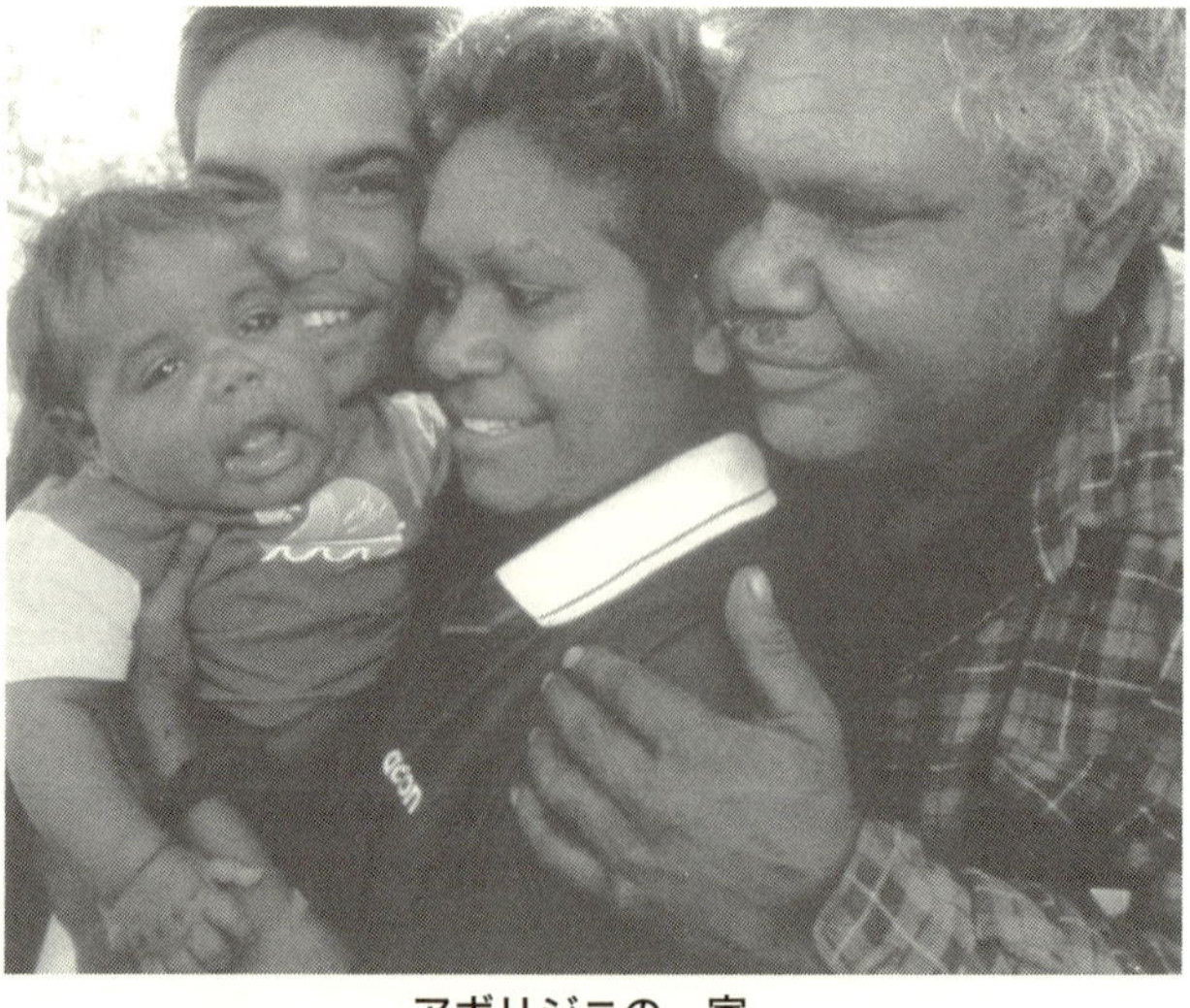

アボリジニの一家
（撮影：Frances Mocnik/Ina Agency Press）

きである。

借家人助言機関：ＴＡＳ（以後、ＴＡＳと略記）

ＴＡＳは一九七九年に最初の地域法律センターを設立した。以来同州唯一の専門的地域法律センターとして州全体の全借家人、特に賃貸住宅市場で恵まれない立場の人々への助言の提供、弁護や支援を行っている。対象者は低所得者、アボリジニ、身体障害者、高齢者、ひとり親、最近入国した移民や難民、読み書き能力に問題のある人たちである。

一九九七年から九八年の間に一万件以上の借家問題で借家人らを、七五〇件の借家問題で地域の関係者らを援助した。

ＴＡＳは地域会員のなかから選ばれたボランティアの人々により運営されている、自立した組織である。その目的は借家人の居住に関する権利や利益を守り改善していくことであり、そのための助言など直接的支援サービスの他に、地域法律教育活動（教育訓練）や、借家人に影響を及ぼす諸問題での借家人を代表しての調査、提案などの活動を行うことである。

気に入らない借家人を排除できる「データベース」被害が深刻化

オーストラリアにはプライバシー保護法の欠陥による「データベース」問題がある。民間の業者らの手で一部不動産業者や家主向け〝悪質借家人リスト〟がインターネットで公開されている。借家人は自分がリストに載せられているかどうかを知ったり、誤った、あるいは不正確な情報の訂正もできない。リストに載せられることによる、潜在的な恐るべき効果が現れている。つまり家主は、それまでに単に当然の要求をしただけの借家人でも、「将来はリストに載せられる可能性があるから」という曖昧な理由を挙げて貸すのを拒否している。

TASと五つの州の借家人連合、シェルター・南オーストラリアはオーストラリア全国借家人団体連合（NATO）を構成している。NATOは二〇〇四年一月にデータベースに関係する政府機関に対して、居住用借家のデータベースの利用と操作の禁止を求める勧告をした。そのなかで個人情報をデータベースに載せられている借家人が相手の会社に要求すれば、ただちに無償でコピーを提供するよう要求している。

●クィーンズランド州

制度、法律

同州の借家率は約三割で家賃規制は無い。低所得者や身障者などが政府の補助金住宅入居のため長期間の待機させられており、ホームレス問題も手がつけられず放置されている。最近の州補助金住宅の全ストックに占める割合は四%以下である。同州では一九九四年の居住用借家法と二〇〇三年の住宅法が借家人の権利を守っている。両方は借家人と家主の権利と義務（家賃問題や期間満了手続きを含めて）を定めている。しかし借家人が家賃の法外な値上げをさせないように裁判所に訴えても、裁判所は市場家賃の決定に介入したがらないため、値上げを拒否した借家人が立ち退かされる事例が報告されている。なお同州では居住用借家法に基づく、ユニークな敷金管理とその利息による無料調停事業を行っている。

預かった敷金の利息で無料調停事業などを運営

州政府の借家人助言・擁護機関プログラムに基づき、居住用借家局（RTA）が借家人、家主、不動産業者向けの事業を行っている。RTAが借家人の敷金を家主に代わって保管し、その利息で無料紛争調停、関係者への情報、出版物提供を行う。敷金は家賃四週間分以上の徴収は禁止され違反者には罰金が科せられる。紛争が調停でまとまらないと少額訴訟裁判所で解決が図られ、解決まで敷金は返還されない。RTAは州住宅省の監督下にあるが、借家人助言・擁護機関プログラムに基づきクィーンズランド借家人連合に一定の活動資金を支給している。同州全域には同プログラムに対応して各地域に二五の借家人助言・擁護機関（ＴＡＡＳ）が活動しており、借家人援助（住宅の紹介、手紙や書類の作成、訴訟支援など）をクィーンズランド借家人連合と緊密な連絡をとって行っている。

クィーンズランド借家人連合：ＴＵＱ（以後、ＴＵＱと略記）

ＴＵＱは年間七、〇〇〇人の借家人に電話での助言を行っている。ＴＵＱは一九八六年に設立された、各地域に根ざした借家人を応援する団体である。ＴＵＱのモットーは「借家人と共に活動する」であり、借家人の利益のために奉仕し、その利益を代表する。本部事務所をブリスベンに置き、ケアンズに北クィーンズランド事務所がある。本部事務所にはコーディネーター、弁護士の他に、訓練、教育、管理と助言担当の職員がいる。毎年の年次総会で登録された四〇〇人の会員から八名のボランティアが選出され、彼らによる執行委員会がＴＵＱを運営している。

家主は借家人を立ち退きに正当な理由が無くても、場合によっては警察官を呼んで追い出せるため、家主は些細な、あるいは勝手な理由をつけて多くの借家人を立ち退かせている。

ここでもデータベースが猛威を

データベースにリストアップされれば、民間賃貸住宅市場からは締め出されるので（敷金返還裁判で敷金の一部しか戻らないケースでも掲載される）、借家人らはホームレスになるのを恐れて自分たちの権利を主張できないでいる。賃貸借契約書にはあらかじめ「契約不履行者はリストアップする」と記載されている。データベースによる借家人被害は過去一〇年以上にわたりオーストラリア全土に広がっている。ほとんど法的に無規制のため、クィーンズランド州の他に、ニューサウスウェールズ州でも借家人らに大打撃を与えている。同様の商業データバンクは、アメリカ合衆国、ニュージーランド、イギリスにもあるが、オーストラリアで現在、二〇万人以上が〝悪質借家人データ〟に名前を載せられている。

8　日　本

制度、法律

日本国内では大正八年（一九一九年）頃、第一次大戦後の物価高騰が地代家賃の暴騰を招いていた。当時の都市部では人口の集中により多くの借地借家人が住宅難に苦しんでいた。彼らによる賃料値下げ要求、明け渡し反対の猛運動が自然発生的に全国に広まった。大阪市は一九一九年に最初の市営賃貸住宅三八七戸、翌年に五五二戸を建設し、東京市も同住宅を一九二〇年に五六〇戸の建設を計画しているが、いずれも焼け石に水であった。激しい「借地借家争議」は昭和初期まで続いた。政府はこうした事態に対処すべく、一九二一年に借家人の権利を認める最初の借家人保護法、借家法（借地法も）を、翌年には借地借家調停法を制定した。さらに一九四一年に借家法を改正し、借家人を正統な理由無しには借家から追い出せないようにした。これは戦争遂行の障害となる出征兵士家族の居住の不安定化を防ぐためであった。第二次大戦後は深刻な住宅難のなか、一九五〇年に公営住宅に関する法律を初めて制定し、五一年に公営住宅、五六年から公団住宅が建設された。

日本の社会住宅、民間借家に忍び寄る危機

社会住宅とは各地方自治体の所有、管理する公営住宅、各地方自治体が出資する公社住宅、国や地方自治体が補助金を出す、特定目的の民間賃貸住宅（高齢者、中堅所得層向け）と旧住宅公団（現在の都市再生機構）の住宅を指す。二〇〇三年現在の社会住宅の総戸数は約三一二万戸、全ストックの六・七％。わが国は、最初から入居者を所得額により低所得と中間所得層に区別して社会住

宅を供給するのが特徴である。低所得者を対象とする公営住宅は全国に約二一八万戸あるが、厳しい所得制限で入居は容易ではない。賃貸住宅の品質は公営、民間ともに劣悪な住宅が少なくない上にいちじるしく狭い。借家の平均床面積は持家のそれの約三分の一に過ぎない。二〇〇四年に政府は旧住宅公団（約七五万戸）を民営化するために独立行政法人都市再生機構に改めている。しかし公的住宅の民営化は、政府自治体の国民に対する居住権擁護の責務を民間企業に移し責任放棄するもので許されることではない。また政府は二〇〇〇年から定期借家制度を一層改悪している。そのため定期借家人の居住権は無力化されており、借地借家人の、国民の住まいの権利は弱体化されている。しかし政府は更なる定期借家の改悪を公言し動いている。

わが国には賃貸借関係での差別の禁止する法的規定が実質的に無いため、様々な借地借家人への差別が横行している。例えば貸主の入居拒否の理由として、入居申込者の国籍、人種、年齢、職業、性別、家族数（多子家族と）身体障害者などが挙げられている。特に外国人には一部公的住宅も厳しい入居条件を付け、多くの人たちが不快な体験をさせられている。

借家法は一九二一年に施行されたが、一九四一年に「正当事由」条項が同法に加わった。正当事由とは、家主自身が賃貸物件を使用する必要性が借主のそれより大きくなければ、借家人の更新要求を拒否できないとするものである。したがって家主は原則的には借家人の合意無しに立ち退かせることは極めて困難になっている。しかし借家人には他に多くの弱点がある。ひとつは裁判所が老朽借家の明け渡し裁判で借家人に厳しい態度で臨むこと、いまひとつは家賃値上げの規制に関する法的規定が無いことである。それゆえ多くの借家人が九〇年代の地価暴騰期に、地上げ屋までも動員した企業、家主の再開発計画や高額家賃請求攻勢に立ち退きを余儀なくされた。その他に家主の要求する、多様かつ不当で高額な金銭要求がある。例えば更新料は家賃の一、二ケ月分を要求される。一九八七年に東京高等裁判所は「契約更新に更新料は不要である」との判決を下しているが、ほとんどの借家人が契約締結時には礼金（権利金）を要求されている。礼金、更新料は支払わないと家主に嫌がらせされたり、契約を拒否されるのでやむなく支払われている。最近では敷金返還時に悪質家主が、家主の負担すべき修繕費用までも敷金から減額して大きな社会問題化している。東京都は二〇〇四年に、敷金返還をめぐる紛争を防止するため契約締結時の不動産業者への指導監督を強化する東京都都条例を制定した。現在は敷金不返還の場合は、簡易裁判所での「少額訴訟」を使えば取り戻せるようになっている。

日本のホームレス問題

現在日本には約二万五、〇〇〇人以上の野外就寝者、ホームレス層が暮しており大阪だけでも約一万人といわれている。しかし本来「ホームレス」の定義は、「日常的に住まいに安心して住み続けられない状態の人」を指し、大幅な家賃値上げや金銭的要求、地上げなどによる不当な非人間的な立ち退きを迫られている人、住む上で健康上問題があるか、危険な、あるいは老朽化などによる劣悪な住宅や住環境、および過密居住に苦しんでいる人も含まれている。政府は長年、多くの民間や公共借家人の劣悪なホームレス的状況を放置している。

公的住宅を危機に追い込む「住生活基本法」

二〇〇六年六月に成立した「住生活基本法」は昭和四一年以来の「住宅建設計画法」に代わる、新たな住宅建設計画の方向性を示すものである。同法は、その第六条に「住宅施策が低所得者、高齢者などの居住の安定確保を旨とする」と記載している。また「国や地方自治体は施策を策定し実施する責務を有する」とも述べている。しかし、地方自治体は国交省大臣の定める全国計画に即して都道府県計画を策定すること、特に公営住宅の供給目標量は国交省大臣の予めの合意が必要とされるなど、国の住宅政策での主導権は従前通りほとんど変わっていない。（地域住宅交付金の創設で自治体の計画支援を行うが）同省の平成一五、一七年の同省の関連資料によれば、「弱者切捨てとならないように、消費者の利益を保護と合わせ……可能な限り市場を活用する」と述べ、また基本理念として「国民の自力による良質な住宅の利用・取得の環境を整えることなどにより、豊かな住生活を実現する」(「住宅政策改革要綱」)とする。「自力で住宅が確保の困難な国民」へのセーフティネットは「多様化する住宅困窮者へと公平かつ的確に確保される(「住生活基本計画案」)」ものとし、「健全な住宅市場を整備して住生活の質の向上への政策の転換を図る。「健全な賃貸市場」とは「安心して入居出来て退去も〝円滑〟にできるもの」(「社会資本整備審議会答申」)である。

さらに公的賃貸住宅のみのセーフティネットで国民の居住の安定は図れないとしている。政府は従来から中低所得者層への公的住宅制度への民間活力などの導入、市場化の推進により、その市場補完政策化を進めてきた。住生活基本法は、セーフティネットをかくれみのに公的住宅政策の市場化をさらに徹底化するものである。事実、住宅困窮者への多様なニーズを配慮するとしながら、入居資格審査の厳格化により「真に困窮している者」に入居対象者を絞り、家賃を市場家賃に近づける値上げ・適正化は公正に名を借りた効率化、収益優先化を主張するものである。それは従前の「国民生活の安定と社会福祉の増進」を目標に掲げつつ、「市場中心とした国民の住生活の質的改善支援」に変える住宅政策転換の必然の帰結である。

このように公的住宅制度は、国民に「人権としての住まいの保証」を与えることでなく、住まいを単なる住宅関連企業の活動の場におとしめるものとなっていく。それはまさに国が理念に掲げた

「居住の安定」を自ら否定することに他ならない。借家人だけでなく、全国民の社会的権利である「居住の権利」が脅かされている。こうした公的住宅の居住者に焦点を当てた居住権保護の弱体化政策は、一九九二年の借地借家法改正に見られた、民間活力導入による経済的弱者切り捨て、民間借地借家人立ち退き促進政策を引き継ぐ、経済優先・福祉切り捨て政策の一環なのである。

したがって私たちはセーフティネットが本当に国民のために働くのか疑問に思わざるを得ない。

日本借地借家人連合：ＪＴＡ（以後はＪＴＡと略記）

ＪＴＡは一九七九年に東京で結成された。現在は約四〇〇名の会員の中から定期総会で選出された七名のボランティアの理事による理事会によって運営されている。同連合は借地借家人の権利と利益を守ることを目的に活動している。活動資金は会員からの会費、諸費用、寄付金でまかなわれている。日本借地借家人連合、ＪＴＡは政治的に中立の非政治的非政府組織である。二〇〇一年から国際借家人連合に加盟し活躍している。ＪＴＡの主要な活動は、以下の通りである。

(1)会員及び非会員対象の全国的な電話とパソコンのメール相談、直接面談による助言活動
(2)会員の希望に基づく貸主側との交渉代行
(3)必要な資料作成、収集などの支援

(4)調停、裁判などでは弁護士を含めての会員の支援
(5)その他機関誌の発行、実務的な活動
(6)会員を含めた借地借家人のための学習会、講座・相談会などの教育活動
(7)会員親睦活動
(8)国際借家人連合など関係諸団体との交流、協力活動

9 アメリカ合衆国（およびニューヨーク市）

制度、法律

合衆国政府は約五〇〇〇万家族に対して、住宅・都市開発省（ＨＵＤ）を通じて三種類の賃貸住宅補助金扶助を行っている。住宅補助金扶助を受けている家族の四分の一は家賃負担の過大な家族（世帯収入の三分の一以上）か、または過密居住、もしくは水準未満の住宅に暮らす家族である。三種類の扶助とは、①家賃バウチャー、②公営賃貸住宅へのＨＵＤ補助金、③民間賃貸住宅へのＨＵＤ補助金である。

①一九七四年の合衆国住宅法に基づく「セクション・エイト」として創設された。現在約

二〇〇万人家族の家賃バウチャー受給者がいる。家主に家賃補助金が支払われ、借家人は世帯所得の三〇％を払うだけでよい。受給資格は世帯所得が地域の中間所得の五〇％以下である。

②一九三七年に始められたHUD公営住宅計画に基づく約一三〇万戸。各主要都市の住宅当局がこれらを建設所有し、その運営費を補助している。極貧層が対象で居住者の三割が地域中間所得の三割以下。連邦政府所有の共同賃貸住宅の約四割から五割が高齢者か身障者世帯であり、最低限度の家賃を支払えばよいとされている。

③低所得者向け低家賃住宅を建設、維持する、HUD補助多子家族共同賃貸住宅の民間家主に対して、運営費などの補助金を支給する制度。約一七〇万家族がこの種の住宅に居住し、約半数が高齢者か身障者世帯である。多くの世帯所得は中間所得の五割以下であるが、一部の世帯所得は中間所得の九五％に達している。これらの建物の状態は、建築後二三年から四〇年経っているが、多くはより古い公営住宅よりも新しいか、良い状態にある。

連邦政府補助の低家賃住宅供給抑制政策

HUDと連邦議会の住宅政策は過去二〇年間以上にわたり、補助低家賃賃貸住宅の供給制度を低迷させている。一九八〇年代前半行われたレーガン政府のHUD計画予算の大幅削減以降、補助金賃貸住宅の供給は低迷し減少しており、二〇〇六年一月、「ホームレスのための全国連合」は、毎年三五〇万家族がホームレスを経験していると推定している。政府は民間住宅業界が低所得者向けの安い賃貸住宅を建設できないのを知りながら、一九八三年以降は低家賃住宅の建設を援助していない。借家人らは低家賃の住宅が不足していることと、ほとんどの州で家賃規制が無いことから手が届かないほど高くなった家賃でも、ホームレスにならないために借りている。一九九二年より推進されたの「HOPE6プログラム」は一二万戸以上の公営住宅を取り壊し、跡地に四万戸足らずの混合所得住宅を建設し、民間投資家による管理の民営化、再開発事業を展開している。一九八〇年代前半以降、民間所有のHUD共同住宅団地は、全国または地方で事業展開する、大規模な共同所有者への集中化を進めている。九〇年代前半にはHUD住宅は不動産トラスト（REITS）の買収目標になり、そのため一九八六年までには僅か二〇社足らずの投資会社がHUD住宅の半数を集中的に所有するようになった。たとえば共同住宅投資会社（AIMCO）やデンバー・ベースドREIT（不動産投資トラスト）で、後者は九四年の設立以後共和党右派と手を結んできており、現在四九州で四〇万戸の賃貸住宅を所有・管理し、そのうちの一一万五、〇〇〇戸はHUD補助金住宅であり、これは全HUD住宅のほぼ七％に該当する。

弱体な借家権保護と人種差別の影

借家権は極めて弱く、期間満了の一ケ月前までに更新拒絶を通告すれば、借家人を立ち退かすことができる。合衆国では全ストックの三二％が借家で公営住宅は三％に過ぎない。賃貸借保護法は五〇州や各都市でそれぞれ施行されている。合衆国ではイギリス、フランス同様に入居に際しての人種、国籍による差別を禁止し、違反者は賠償金を払わせられる。しかし人種別の持家率は充分人種差別の存在をうかがわせるものである。二〇〇二年の国勢調査局資料によると、全国の平均持家率は六七・九％だが、人種別では白人は七一・八％、アジア系など五四％台だが、黒人は四七・三％、ヒスパニック系は四八・二％となっている。黒人やヒスパニック系の持家率は白人を大きく下回り、その結果半数以上が借家人である。

借家人団体としては、合衆国の全国的な借家人組織ＮＡＨＴ、ニューヨーク市の「借家人と隣人連合（ＴＮＣ）」を取り上げたい。

ＨＵＤ全国借家人連合：ＮＡＨＴ（以後ＮＡＨＴと略記）

ＮＡＨＴは民間賃貸住宅と低所得借家人向けの政府補助金住宅に住む一七〇万家族が参加するほかに、約二〇州の地方連合体や連携する諸団体が加わって構成されている。

ワシントンD.C.での借家人団体のデモ風景

その主たる目的は合衆国内の低家賃住宅ストックの保全と改善、借家人組織の建設である。

ＮＡＨＴは一九九一年に創設された、合衆国唯一の全国的な借家人団体の連合体である。

政府の補助金住宅の居住者は連邦政府の関係機関であるＨＵＤによる全国的な家賃規制、借家人保護規定に守られている。なお各州や各都市にも賃貸借関係法が存在する。

〝家賃バウチャー受給者大量切捨て反対〟の大デモ

ブッシュ政府は二〇〇三年以来、「セクション・エイト・バウチャープログラム」の予算削減を行っている。ＮＡＨＴは全国低所得者住宅連合やホームレス全国連合と共に予算確保のための対議会キャンペーンを組織している。ＮＡＨＴは二〇〇三年六月、第八回〝私たちの住まいを救え〟会議を開催した。ワシントンＤＣに設けた会場には四〇〇人の借家人と一六州の一六七の借家人連合を代表する活動家らが参加した。参加者たちは「借家人団体の結成方法」、「管理者側の嫌がらせへの対抗戦術」や「住宅の買取り」などの二五の研究集会に参加。集会後にワシントンDCをデモ行進し、危機に瀕している公的賃貸住宅を救うための法律制定と反対行動への支持を強く訴えた。NAHTの報告によれば、政府によって二〇〇五年までに二五万家族が、二〇〇九年までに六〇万家族が家賃バウチャーを失うとされている。

●ニューヨーク市

一八一五年から一九一四年の間に、総計で約三、〇〇〇万人の移民が貧困、国内の混乱や産業化に駆り立てられ、より良い生活と仕事を求めてアメリカ合衆国に流れ込んだ。一八九〇年代前半までは、移民は北、西ヨーロッパ、特にアイルランドとドイツからが多く、それ以後は東、南ヨーロッパからの移民が主体となった。第一次大戦以降は移民の流入は法律で制限された。ニューヨークで、最初のテネメント（集合住宅）建設ブームとなったのは一八五〇年代である。家主らは、安い家賃の住宅不足と高地価につけ込み、低賃銀労働者らをぼろもうけの標的にした。借家人らは貧弱な設備の狭いアパートに他人の家族と押し込められた。マンハッタンの過密居住のスラム街に、最初の大衆家賃ストライキが起きたのは一九〇四年であった。当時の家主は、居住者の借家人を毎年一〇月の家賃値上げ時に値上げ要求でいっせいに追い出し、新しい借家人に貸していた。一九一九年には、同市で約九万六、六〇〇家族が立ち退きを迫られ、約七万五、〇〇〇家族が転居している。

一九二〇年代前半には、ワシントン・ハイツ借家人協会、主にブロンクスの中産階級の借家人のフェアプレイ家賃協会（会員は二〇〇棟以上の建物の三、五〇〇人以上）が結成された。一九三六年には、ニューヨーク市で最初の借家人の連合体（全ニューヨーク市借家人協議会、ＣＷＴＣ）が誕生した。また同年には黒人の借家人組織、ハーレム統一借家人連盟がＣＷＴＣの支援を受けて四、〇〇〇人の家賃値上げ反対デモを敢行している。一九六三、六四年に爆発したハーレムの家賃ストライキの要求は、家賃のみでなく、建物維持管理と設備の改善にも向けられていた。

ニューヨーク市は一九四二年に家賃規制を開始し、一九七〇年代には他の自治体も始めている。一九八七年には、家賃規制はニューヨーク、ニュージャージー、カルフォルニア、マサチューセッツ、メリーランド州の二三四地方自治体とワシントンＤＣで行われていた。ニューヨーク市は現在も家賃規制を行っている。同市は国内補助金や家賃規制の実施経験に富む都市である。ニューヨーク市の人口三〇〇万世帯のうち二〇〇万世帯が借家であり、そのうち一〇〇万世帯の家賃が何らかの家賃規制をされている。しかし規制家賃も高額なため、家族世帯は郊外への移転を余儀なくされている。

ニューヨーク州借家人と隣人連合：TNC（以後、TNCと略記）

現在一万六、〇〇〇人の会員と二〇〇借家人団体が参加しており、本部事務所は一二人の職員により運営されている。会員は、ミッチェル―ラーマ・プログラム（ニューヨーク州が一九五五年から始めた主に中産階級の対象の、協同組合住宅や賃貸住宅の手頃な家賃維持のための不動産減税などの財政的支援を行う制度）や、セクション・エイト・プログラムで管理された住宅および公営住宅の居住者である。

TNCはニュ―ヨークを代表する唯一の借家人団体であり、最も活動的で影響力のある団体のひとつである。運動目的は、低家賃住宅を維持し、賃貸住宅に関する法律や条例が守られ実施されているかを確認することである。また借家人代表として参加している『家賃ガイドライン委員会（RBG）』で、借家人代表としての、よりふさわしい地位を獲得することである。

借家人代表が加わり家賃値上げ率を決定

毎年五月から六月に掛けては、ニューヨークの借家人団体、TNCが最も忙しい時期である。

同市の家賃ガイドライン委員会（RBG）は、毎年六月に約一〇〇万戸の家賃規制住宅の家賃値上げ率を決定する。同市は、委員九名のうちに二名ずつを借家人代表のTNCと家主の代表に割り当て、残り五名は市長により指名された中立の立場の人々としている。二〇〇一年の委員会審議では、契約期間一年間の賃貸借契約の値上げ幅は四％、二年間の賃貸借契約では六％と決定した。

ニューヨーク、所得が減少しているのに家賃は高騰（IUT機関誌二〇〇六年四月号）

二〇〇六年二月の同市の調査報告によれば、市民の世帯所得は減少しているにもかかわらず、安い家賃のアパートを見つけるのは困難になっている。持家と住宅戸数は記録的に多くなっているが、借家人は家賃値上がりと所得減少に苦しめられている。実質所得は一九九八年から二〇〇一年の間に九・八％増えたのに、二〇〇一年から二〇〇四年で六・三％減少している。公共料金や暖房費を除く平均的な家賃が二〇〇二年に七〇六ドルだったのが、二〇〇五年には八五〇ドルになっている。ニューヨーク市の借家人の半数以上が、二〇〇二年に所得の二八・六％を家賃として払っていたが、二〇〇五年はそれが三一・二％になっている。借家人の二八・八％は世帯所得の半分以上を家賃にあてている。市内の住宅は二〇〇二年から二〇〇五年に約五万二、〇〇〇戸増えているが、そのうち新築住宅二万九、〇〇〇戸の大部分は分譲住宅で賃貸住宅ではない。二〇〇五年一二月のアメリカ合衆国の持家率は六九％だが、同市の持家率は同年で一九六五年以降最高の三三・三％である。

四、参考資料「借家人憲章」(The Tenants' Charter)

第一版、一九七四年六月六日ノールウェイ、ベルゲンのIUT会議で採択。第二版、二〇〇一年一二月一日ドイツ、ベルリンのIUT理事会で採択、二〇〇四年八月のイギリス、バーミンガムでのIUT総会に公式提案され採択された。

1 住宅への権利

人が住むのにふさわしい住宅への権利は、多くの国際的な人権に関する文書に具体的に記載されている。ＩＵＴとその会員組織は、住宅及び人が住むのにふさわしい居住施設への権利と借家人の居住条件を改善する、その他の諸政策を要求する。

高品質で手頃な費用負担の住宅を利用できる権利は普遍的人権であり、全ての国で憲法や法律により正当に実現されねばならない。各国政府は、この権利の実現のために充分な諸援助を与えねばならず、より豊かな国々は援助を必要とする国々にそれらを与えるべきである。

ＩＵＴは、この目的のために国際連合の諸文書や諸宣言の内容強化に努めることを支持する。（国際連合文書は付録１で照会して下さい。）

2　借家人組織の公認

各国政府は法律で借家人組織を公認し、その関連政策等に関与する権利を付与すべきである。各国政府は法律で民主的な借家人組織の活動を保護し促進すべきである。

3　住宅に関する差別の禁止

全ての人は人間として住むに値する居住施設への権利を有する。各国政府は、住宅市場、人種、宗教、民族、性的志向、もしくは他の理由による差別の禁止を保障し、差別から擁護する責務を有する。

4　健康的で安全な住宅

住まいとそれに近接する空間や屋外の土地は、安全、健康的で健康に有害な物資からの汚染を免れていなければならない。家主は、居住者らと共にこの前提条件への、特に子供達が確実に有害物資から汚染されないようにする責務を有する。

5　家　賃

住宅とは、国際連合の「世界人権宣言（一九四八年　第二一・一条項）、「経済的、社会的、文化的権利に関する国際的規約（一九六六年　第一一条項）」に関連する人権であり、それゆえに家賃は手頃な費用負担となる水準で設定されねばならない。家賃は所得額に対して適正な割合であるべきである。

家賃は借家人または借家人組織が参加して決定されるべきである。家賃は法律に基づく契約のもとで規定されるべきである。また、この契約は明確な期間内での賃貸借関係を決定し規制すべきである。

6　借家人らの関連政策等の決定への参加

借家人らは、彼らの組織を通じ関連する政策等の決定過程に参加する権利を持たねばならない。

a　個々の借家人が持つべき権利

・彼らの生活環境に関連する諸問題—住宅や地域開発に関連する諸活動ばかりでなく賃貸借の期間、条件を含むが—に取り組むことを目的とする借家人組織を結成し活動する権利
・住宅への不満や要求を訴える実効的な手続きを利用する権利
・仲裁・調停機関を利用する権利
・住宅関連事業の監視、視察、検査に責任を有する団体に諮問を受ける権利

b　公認された借家人組織は当該地域での諸権利と、それが適正なところでは国法レベルの諸権利を有するべきである。

・家賃決定交渉過程に関与する権利
・借家人らの不満に対処するため、関連の全ての住宅協定等を発展させ、監視し、再調査すること及び周辺の関連する諸問題に関与する権利
・借家人らの不満に関しての措置を決定するか、または借家人のために是正することを決定す

る諸団体に関与する権利

c　借家人らは借家人組織を介して次の諸権利を付与されるべきである。

・家賃交渉をしてもらう権利
・借家人らの、住宅関連事業の内容を監視し、査察し、検査することに責任を有する団体に関与する権利
・借家人らの、彼らの住宅の関連事業機関とは無関係の査察を要求する権利
・合意済みの事業基準や実施目標に合致するように不履行を改善する行動計画の推進や実施に際して充分に諮問を受け関与する権利

d　保護活動

多数の家族の居住する賃貸建物の所有者やその代理人らは、借家人や借家人組織者らが借家人組織の結成と組織活動を行うことを認めねばならない。それには次の事柄が含まれるが、これらに限定されない。

・借家人らと連絡を開始し、情報を提供すること
・借家人らの借家人組織活動への参加を援助すること
・借家人らが家主側から完全に独立した形で、現地での借家人らが参加できる定期的な会合を

開催すること

7　家賃裁判

正当な借家人組織の代表者を含む、専門の家賃裁判所及び（もしくは）調停委員会を定める法律が制定されねばならない。借家人と家主の代表者の人数は均衡が取れていなければならない。調停に当たる議長は当事者双方から独立していなければならない。

8　公共・社会賃貸住宅と民間賃貸住宅——類別された住宅ストックの必要性

社会階層的に充分機能している社会は、個人の生活上の必要性や発展段階により、規模や水準に関して多様な住まいを必要とする。人が持家か賃貸住宅かのいずれかを望むかは、その人自身が選択し決定するものでなければならない。また社会は、人種差別や社会的排除を避けるため、充分な数の国有、自治体所有のか、もしくはこの目的のための制度による賃貸住宅を必要とする。公的及び（もしくは）社会住宅は、全ての社会の重要な一部分であるべきである。民間賃貸住宅は、補完的な高価な賃貸住宅の形態である—しかし、賃貸借契約と住宅関連の公共事業や修復の責任に関しては、合法的な契約として規制される必要がある。

9　保有の確保

保有の確保の問題は借家人らの共感を得ている。というのは、それが触媒的な効果―他の事態への進展、良好な居住施設の提供や住宅品質の向上のための重要な問題に―例外なく発展するからである。

国際連合は、保有の確保とは法的な管理体制により運営規制されている、土地や居住資産に対する個人もしくは団体間の契約であるとしている。保有の確保とは、土地や居住資産の入手または利用の権利が公認の諸規定で保障されており、しかもこの権利が正当であるという事実に由来する。

a　個人または世帯が例外的な事情の場合を除き、その意思によらず、その住まいから移転させられないよう保護されるために保有を確保すべきである。その例外的事情とは、公認の合意された法的手続き―それ自体客観的で平等に適用され、異議申し立てが可能で自主的でなければならない―による場合だけである。

b　社会的原因による立退かせは借家人が別に適切な住まいを獲得しなければ認められない。

c　賃料滞納による社会住宅からの立退かせは出来ないとすべきである。この出来事は、しばしばその社会における無力な社会的―経済的環境の結果である。

d　借家人は、建物所有者、管理者もしくは家主に予め合意した期間の終了迄に通告することで、賃貸借契約や占有の権利を終了させることができる。建物所有者、管理人もしくは家主は、賃貸借の合意書や契約書に掲げられた一定の理由等によってのみ賃貸借関係を終了させることができる。

e　全ての借家人には、明確な事実に基づかない契約終了通告に対する充分な保護が与えられねばならない。社会的な諸根拠に基づく契約終了の場合は、借家人が別に適切な住まいを獲得できなければ立ち退かすことは認められない。

10　品質に関する諸要求

借家人として関連政策等の決定過程に参加する権利は、借家人を代表する諸組織が建物の物理的品質と、公共施設や周辺地域の品質に影響を及ぼすことを可能にする。

ＩＵＴは現存する住まいや居住施設に関して多くの品質要件を適用している。

(a)　建物の品質
(b)　公共施設の品質
(c)　侵入盗犯罪を防止し安全な周辺地域を実現するための諸対応策

(d)　充分に広い歩道や運動場と充分な緑地のための居住地区からの交通網の遮断

(e)　換気や騒音の減少と住まいのごく近辺での新鮮な水を確保するための充分な衛生状態

a　建物の品質

家主は建物の維持管理に責任を有する。もし家主が責任を果たさないならば、借家人は建物の維持管理を受容可能な方法で法的に強制させることができなければならない。借家人は家主との一定の規定や合意のもとで賃借中の住まいの内部改装を許可されねばならない。家主は、借家人の申し出た改装が不可能で、かつ建物の価値を下げるか、または職業上の有資格者の技術者が必要であると信ずべき理由があるならば、内部改装の申し出を拒否できるとすべきである。家主、借家人双方にとって永続的で環境に安全な資材を、現存建物の維持管理、改修作業及び新しい住宅・住まいの建築に使用することは有益である。

住宅は身障者を含む全ての国民に便利に利用されるように建築されねばならない。

b　公共施設の品質

公共団体は、公共医療施設、学校、店舗、ごみ集積所、公共輸送機関などのような公共施設を利用できることを保障する責務がある。

c　侵入盗犯罪を防止し安全な周辺地域を実現するための諸対応策

家主と公共団体双方には安全な周辺地域を創出する責務がある。この責務は街路灯設置や侵入盗を防止することと、暴力行為その他望ましからざる行為を防止するために社会的環境を改善するような諸対応策を含む。

d　充分に広い歩道や運動場と充分な緑地のための居住地区からの交通網の遮断住宅地区では公共輸送機関に対する優先権が付与されねばならない。自動車の通行は住宅地区では避けられねばならない。歩行者と自転車には優先権が付与されねばならない。住宅地区にはゆとりのある空間や緑地、運動場が含まれるべきである。同地区では運動と休養のための需要が満たされるべきである。

e　換気や騒音の減少と住まいのごく近辺での新鮮な水の確保に関する充分な衛生状態
全ての住まいは充分な衛生設備――水洗便所もしくは他の満足すべき設備や下水道設備、洗濯設備――を直ちに利用できるべきである。新鮮な水の供給設備は住まいか、さもなければ住まいのごく近くに設置されねばならない。炊事場は換気が充分であるべきである。住まいは、外部もしくは他の建物からの騒音が受忍できる水準まで減じられた品質で建築されるべきである。

（付録）住宅と適切な住まいへの権利に関する国際連合文書

A　世界人権宣言（国連総会一九四八年）
全ての人は、その人自身と家族のために食糧、住宅、衣料及び医療と必要な社会福祉事業を含む、健康と福利のための充分な生活水準への権利を有する。

（第二一・一条項）

B　経済的、社会的、文化的権利に関する国際的規約（一九六六年）
全ての人は、その人自身とその家族にとっての充分な生活水準への権利を有し、それには衣料、食糧と住宅及び生活状態の継続的改善のための権利を含む―。

（第一一条項）

全てのEU諸国を含む一〇六ケ国で批准された。

C　あらゆる形態の人種差別の撤廃に関する国際条約（一九六五年）

D　あらゆる形態の女性差別の撤廃に関する条約（一九七九年）

E　児童の権利に関する条約（一九八九年）

F　難民の地位に関する条約（一九五一年）

G　人間居住に関するバンクーバー宣言（一九七六年）

この宣言は、世界人権宣言の原則を反復するもので普遍的人権に準拠し、人間居住のための諸政策を要求する。〝適切な住まいや公共施設は基本的人権であり、全ての人にとってそれらの確保は義務である。〟

特に重要なことは社会的、人種的隔離の撤廃であり、とりわけ様々な社会的集団、職業、住宅と文化的施設の混在する、より調和の取れた社会の創造を通じて撤廃することである。（第三節、八）

H　ハビタット討議事項（イスタンブール、一九九六年）

第四章

第八節　全ての人への適切な住宅

〝一九四八年の世界人権宣言採択以来、適切な住宅への権利は充分な生活水準の重要な構成要素として認められている。全ての政府は例外なく住まいの分野に責任を有する。〟

第六八節ｇ　〝手頃な家賃負担の賃貸住宅の供給を促進することと、借家人、建物所有者双方の法的な権利と義務〟

第七八節ｈ　〝住宅市場の規制に適正で柔軟な手法―それには弱者の特別な需要を考慮する賃貸住宅市場を含む―で開発すること〟

第八一節f　〝民間企業が、賃貸住宅、維持管理や修復を含んだ多様な住宅需要に応じるように資本投下することを奨励すること〟

参考文献

・早川和男編著『市民のすまいと居住政策』学陽書房、一九八八年
・小玉徹、大場茂明、檜谷美恵子、平山洋介著『欧米の住宅政策』ミネルヴァ書房、一九九九年
・佐々木晶二著『アメリカの住宅・都市政策』財団法人経済調査会、一九八八年
・財団法人日本住宅総合センター『イギリスの民間賃貸住宅』一九九八年
・同『フランスの民間賃貸住宅』一九九五年
・同『ドイツの民間賃貸住宅』一九九三年
・同『ドイツ・フランスの社会住宅制度』一九九四年
・まち居住研究会『日本の住宅賃貸借契約システムの改善に関する提案』二〇〇〇年
・総務省統計局『日本の住宅・土地』平成一〇年住宅土地統計調査の解説　一九九八年
・総務省統計局『平成一五年土地住宅統計調査報告』第一巻全国編　二〇〇三年
・東京都住宅局総務部住宅政策室『二〇〇〇年東京都住宅白書』二〇〇〇年
・大原社会問題研究所出版部『日本労働年鑑　大正九年版』一九二〇年
・同『日本労働年鑑　大正十年版』一九二一年

・Magnus Hammar (Publisher & Editor) *Global Tenant* (二〇〇一年五、九月号、二〇〇二年一、四、九、一二月号、二〇〇三年四月号、二〇〇四年一月号、二〇〇五年三、八、一二月号、二〇〇六年四月号

・Roger Primault (CNL), *60 ans d'exestence 60 annes du luttes* (1976年)

・Martti Lujanen (ed.), *Housing and Housing Policy in the Nordic Countries* (2004年)

・Ministry of Finance, *Housing and Housing Policy in Sweden.*

・National Board of Housing, *Building and Planning*, Sweden

・Ministry for Regional Development of the Czech Republic, *Housing Statistics in the European Union 2004* (2005年)

「居住福祉ブックレット」刊行予定

☆既刊、以下続刊(刊行順不同、書名は仮題を含む)

☆ 1	居住福祉資源発見の旅	早川　和男(長崎総合科学大学教授)
☆ 2	どこへ行く住宅政策	本間　義人(法政大学教授)
☆ 3	漢字の語源にみる居住福祉の思想	李　　　桓(長崎総合科学大学助教授)
☆ 4	日本の居住政策と障害をもつ人	大本　圭野(東京経済大学教授)
☆ 5	障害者・高齢者と麦の郷のこころ	伊藤静美・田中秀樹他(麦の郷)
☆ 6	地場工務店とともに	山本　里見(全国健康住宅サミット会長)
☆ 7	子どもの道くさ	水月　昭道(立命館大学研究員)
☆ 8	居住福祉法学の構想	吉田　邦彦(北海道大学教授)
☆ 9	奈良町《ならまち》の暮らしと福祉	黒田　睦子((社)奈良まちづくりセンター副理事長)
☆10	精神科医がめざす近隣力再生	中澤　正夫(精神科医)
☆11	住むことは生きること	片山　善博(鳥取県知事)
☆12	最下流ホームレス村から日本を見れば	ありむら潜(釜ヶ崎のまち再生フォーラム)
☆13	世界の借家人運動	髙島　一夫(日本借地借家人連合)
14	「居住福祉学」の理論的構築	柳中権・張秀萍(大連理工大学)
15	シックハウスへの挑戦	後藤三郎・迎田允武(県境住宅居住推進協会)
16	高齢社会の住まいづくり・まちづくり	蔵田　　力(地域にねざす設計舎)
17	ウトロで居住の権利を闘う	斎藤正樹＋ウトロ住民
18	沢内村の福祉活動―これまでとこれから	高橋　典成(ワークステーション湯田・沢内)
19	居住福祉の世界	早川和男対談集
20	居住の権利―世界人権規約の視点から	熊野勝之(弁護士)
21	農山漁村の居住福祉資源	上村　　一(社会教育家・建築家)
22	スウェーデンのシックハウス対策	早川　潤一(中部学院大学助教授)
23	中山間地域と高齢者の住まい	金山　隆一(地域計画総合研究所長)
24	包括医療の時代―役割と実践例	坂本　敦司(自治医科大学教授)他
25	健康と住居	入江　建久(新潟医療福祉大学教授)
26	地域から発信する居住福祉	野口定久(日本福祉大学教授)

(ここに掲げたのは刊行予定の一部です)

著者紹介

髙島　一夫（たかしま　かずお）

1943年、東京に生まれる。
1975年、東洋大学大学院文学研究科修士課程修了。
1979年から借地借家人運動に参加し、現在も日本借地借家人連合理事長として活動中。

（居住福祉ブックレット 13）

世界の借家人運動：あなたは住まいのセーフティーネットを信じられますか？

2007年 5月30日　　初　版　第1刷発行　　　　（検印省略）

＊定価は裏表紙に表示してあります

著者 © 髙島一夫　装幀 桂川潤　発行者 下田勝司　　印刷・製本 中央精版印刷

東京都文京区向丘 1-20-6　郵便振替 00110-6-37828　　発行所 株式会社 東信堂
〒113-0023　TEL (03) 3818-5521 (代)　FAX (03) 3818-5514

E-mail:tk203444@fsinet.or.jp
Published by **TOHINDO PUBLISHING CO., LTD.**
1-20-6, Mukougaoka, Bunkyo-ku, Tokyo, 113-0023 Japan

http://www.toshindo.com/
ISBN978-4-88713-760-8　C3336　**©K. TAKASHIMA**

「居住福祉ブックレット」刊行に際して

安全で安心できる居住は、人間生存の基盤であり、健康や福祉や社会の基礎であり、基本的人権であるという趣旨の「居住福祉」に関わる様々のテーマと視点――理論、思想、実践、ノウハウ、その他から、レベルは高度に保ちながら、多面的、具体的にやさしく述べ、研究者、市民、学生、行政官、実務家等に供するものです。高校生や市民の学習活動にも使われることを期待しています。単なる専門知識の開陳や研究成果の発表や実践報告、紹介等でなく、それらを前提にしながら、上記趣旨に関して、今一番社会に向かって言わねばならないことを本ブックレットに凝集していく予定です。

2006年3月

日本居住福祉学会
株式会社　東信堂

日本居住福祉学会のご案内

〔趣　　旨〕

人はすべてこの地球上で生きています。安心できる「居住」は生存・生活・福祉の基礎であり、基本的人権です。私たちの住む住居、居住地、地域、都市、農山漁村、国土などの居住環境そのものが、人々の安全で安心して生き、暮らす基盤に他なりません。

本学会は、「健康・福祉・文化環境」として子孫に受け継がれていく「居住福祉社会」の実現に必要な諸条件を、研究者、専門家、市民、行政等がともに調査研究し、これに資することを目的とします。

〔活動方針〕

(1) 居住の現実から「住むこと」の意義を調査研究します。
(2) 社会における様々な居住をめぐる問題の実態や「居住の権利」「居住福祉」実現に努力する地域を現地に訪ね、住民との交流を通じて、人権、生活、福祉、健康、発達、文化、社会環境等としての居住の条件とそれを可能にする居住福祉政策、まちづくりの実践等について調査研究します。
(3) 国際的な居住福祉に関わる制度、政策、国民的取り組み等を調査研究し、連携します。
(4) 居住福祉にかかわる諸課題の解決に向け、調査研究の成果を行政改革や政策形成に反映させるように努めます。

学会事務局

〒466-8666　名古屋市昭和区八事本町101-2
中京大学　総合政策学部
岡本研究室気付
TEL　052-835-7652
FAX　052-835-7197
E-mail　yokamoto@mecl.chukyo-u.ac.jp

東信堂

〔現代社会学叢書〕

開発と地域変動——開発と内発的発展の相克	北島　滋	三二〇〇円
在日華僑のアイデンティティの変容—華僑の多元的共生	過　放	四四〇〇円
健康保険と医師会—社会保険創始期における医師と医療	北原龍二	三八〇〇円
事例分析への挑戦——個人現象への事例媒介的アプローチの試み	水野節夫	四六〇〇円
海外帰国子女のアイデンティティ—生活経験と通文化的人間形成	南　保輔	三八〇〇円
有賀喜左衞門研究——社会学の思想・理論・方法	北川隆吉編	三六〇〇円
現代大都市社会論——分極化する都市?	園部雅久	三八〇〇円
インナーシティのコミュニティ形成—神戸市真野住民のまちづくり	今野裕昭	五四〇〇円
ブラジル日系新宗教の展開—異文化布教の課題と実践	渡辺雅子	七八〇〇円
イスラエルの政治文化とシチズンシップ	奥山眞知	三八〇〇円
正統性の喪失——アメリカの街頭犯罪と社会制度の衰退	G・ラフリー　室月誠監訳	三六〇〇円
東アジアの家族・地域・エスニシティ——基層と動態	北原淳編	四八〇〇円

〔シリーズ社会政策研究〕

福祉国家の社会学——21世紀における可能性を探る	三重野卓編	二〇〇〇円
福祉国家の変貌——グローバル化と分権化のなかで	小笠原浩一　武川正吾編	二〇〇〇円
福祉国家の医療改革——政策評価にもとづく選択	三重野卓　近藤克則編	二〇〇〇円
福祉政策の理論と実際〔改訂版〕福祉社会学研究入門	三重野卓　平岡公一編	二五〇〇円
韓国の福祉国家・日本の福祉国家	武川正吾　キム・ヨンミョン編	三二〇〇円
福祉国家とジェンダー・ポリティックス	深澤和子	二八〇〇円
新版　新潟水俣病問題——加害と被害の社会学	飯島伸子　舩橋晴俊編	三八〇〇円
新潟水俣病をめぐる制度・表象・地域	関　礼子	五六〇〇円
新潟水俣病問題の受容と克服	堀田恭子	四八〇〇円

〒113-0023　東京都文京区向丘 1-20-6　TEL 03-3818-5521　FAX03-3818-5514　振替 00110-6-37828
Email tk203444@fsinet.or.jp　URL:http://www.toshindo-pub.com/

※定価：表示価格（本体）＋税

東信堂

〔世界美術双書〕

- バルビゾン派　井出洋一郎　二〇〇〇円
- キリスト教シンボル図典　中森義宗　二三〇〇円
- パルテノンとギリシア陶器　関隆志　二三〇〇円
- 中国の版画—唐代から清代まで　小林宏光　二三〇〇円
- 象徴主義—モダニズムへの警鐘　中村隆夫　二三〇〇円
- 中国の仏教美術—後漢代から元代まで　久野美樹　二三〇〇円
- セザンヌとその時代　浅野春男　二三〇〇円
- 日本の南画　武田光一　二三〇〇円
- 画家とふるさと　小林忠　二三〇〇円
- ドイツの国民記念碑—一八一三年—一九一三年　大原まゆみ　二三〇〇円
- 日本・アジア美術探索　永井信一　二三〇〇円

〔芸術学叢書〕

- 芸術理論の現在—モダニズムから　藤枝晃雄・谷川渥 編著　三八〇〇円
- 絵画論を超えて　尾崎信一郎　四六〇〇円
- 幻影としての空間—図学からみた東西の絵画　小山清男　三七〇〇円

- 美術史の辞典　P・デューロ他　中森義宗・清水忠訳　三六〇〇円
- 図像の世界—時・空を超えて　中森義宗　二五〇〇円
- バロックの魅力　小穴晶子編　二六〇〇円
- 新版 ジャクソン・ポロック　藤枝晃雄　二六〇〇円
- 美学と現代美術の距離—アメリカにおけるその乖離と接近をめぐって　金悠美　三八〇〇円
- ロジャー・フライの批評理論—知性と感受性の間で　要真理子　四二〇〇円
- レオノール・フィニ—境界を侵犯する新しい種　尾形希和子　二八〇〇円
- アーロン・コープランドのアメリカ　G・レヴィン／J・ティック　奥田恵二訳　三二〇〇円
- イタリア・ルネサンス事典　J・R・ヘイル編　中森義宗監訳　七八〇〇円
- キリスト教美術・建築事典　P・マレー／L・マレー　中森義宗監訳　続刊

- 芸術／批評　0~3号　藤枝晃雄責任編集　一六〇〇～二〇〇〇円

〒 113-0023　東京都文京区向丘 1-20-6　TEL 03-3818-5521　FAX03-3818-5514　振替 00110-6-37828
Email tk203444@fsinet.or.jp　URL:http://www.toshindo-pub.com/

※定価：表示価格（本体）＋税